un tuf
nella

AL TEMPO DEI POPOLI ANTICHI

Collana di narrativa storica
per ragazzi diretta da
Luigino Quaresima

GRUPPO EDITORIALE
RAFFAELLO

I^a^ Edizione 2006

Ristampa

7 6 5 4 3 2 1 2012 2011 2010 2009 2008 2007 2006

Raffaello Editrice

E. Mail: info@ilmulinoavento.it

*http://*www.ilmulinoavento.it

Printed in Italy

CERMET
SISTEMA DI GESTIONE CERTIFICATO
QUALITÀ UNI EN ISO 9001:2000
AMBIENTALE UNI EN ISO 14001:2004

Nadia Vittori

LE CIVILTÀ DEI FIUMI E DEL MARE

MITI E LEGGENDE

Illustrazioni di

caba & chesi

La regione dell'Indo

Nella valle dell'Indo troviamo segni di civiltà già a partire dal VI millennio a.C.; intorno al 2500 a.C. nacquero le prime civiltà urbane.

In seguito i territori subirono numerose invasioni, soprattutto ad opera di popolazioni ariane e indoeuropee. Da questo incontro di razze diverse si formò la religione indiana che viene ancor oggi professata da gran parte della popolazione.

Nei testi sacri, i Veda (parola che significa "sapere") sono raccolti i miti e le credenze più importanti inerenti alle principali divinità: Brahma, Visnù e Siva.

Per la religione indiana la vita non si interrompe mai e la morte non è altro che una delle numerose tappe di un lungo cammino.

L'uomo si reincarna di continuo, cioè rinasce in forme sempre nuove, fino a quando non raggiunge la liberazione dal mondo, dalle sofferenze e dalle malattie.

l'angolo di...

BUDDA

Grande profeta della religione indiana fu Budda (l'Illuminato), nato probabilmente nel 563 a.C. nell'estremo nord dell'India. Pur se di famiglia ricca, il giovane Budda rinunciò ad ogni lusso e condusse un'esistenza di povertà e meditazione. Visse come un eremita, cibandosi, dice la leggenda, di un solo chicco di riso o di miglio al giorno. Dopo anni di solitudine e preghiera, tornò nel mondo per rivelare agli uomini il suo pensiero. La dottrina di Budda si può riassumere in alcuni punti:

- non c'è vita senza dolore;
- causa del dolore è il desiderio di qualcosa che non possiediamo;
- eliminando il desiderio di possedere qualcosa che non abbiamo, finisce anche il dolore.

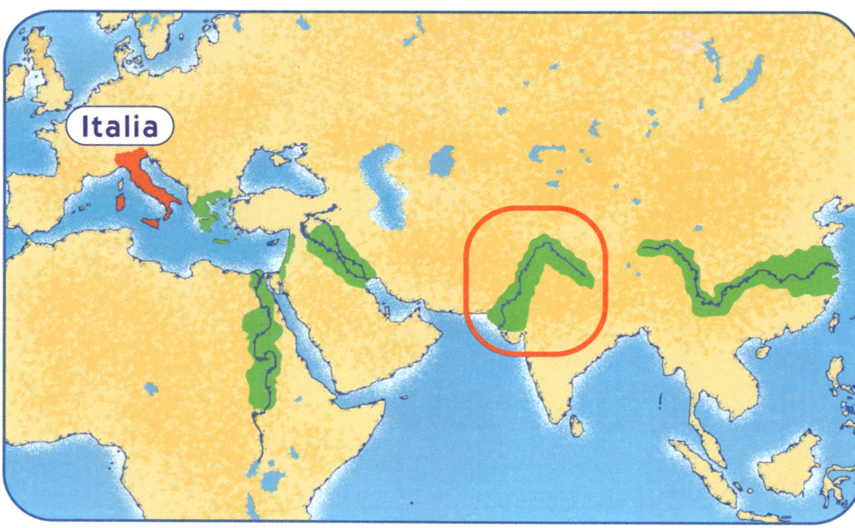

La regione dell'Indo

Il potere divino degli uomini

Ci fu un tempo in cui tutti gli uomini erano dei.

Non conoscevano il dolore o la sofferenza, non si ammalavano e non morivano mai.

Essi però abusarono della loro divinità: vivevano senza amore e senza carità e un giorno Brahma, signore degli dei, si stancò di loro.

- Sono scontento degli uomini - disse a Visnù. - Vivono nell'ozio più totale e per questo motivo ho deciso di privarli del loro potere divino. Voglio nascondere questo potere in un posto dove per loro sarà impossibile trovarlo!

- Il problema sarà trovare un nascondiglio - rispose Visnù. - Chiamiamo a consiglio tutti gli dei!

Quando gli dei minori furono tutti riuniti cercarono di aiutare Brahma a risolvere il dilemma.

- Seppelliamo il potere divino dell'uomo nella profondità della terra - suggerì qualcuno.

Brahma rispose:

- No, non basta, perché l'uomo scaverà e lo ritroverà.

Gli dei replicarono:

- Allora gettiamolo nel più profondo degli oceani.

E di nuovo Brahma rispose:

- No, perché prima o poi l'uomo esplorerà tutti gli oceani e sicuramente un giorno lo ritroverà e lo riporterà in superficie.

Gli dei minori conclusero:

- Non sappiamo dove nasconderlo, perché non sembra esistere, né sulla terra né in mare, un posto che l'uomo non potrà prima o poi raggiungere.

E fu così che Brahma disse:

- Ecco cosa faremo del potere divino dell'uomo: lo nasconderemo nel suo io più profondo e segreto, il solo posto dove non gli verrà mai in mente di cercarlo.

A partire da allora l'uomo ha compiuto il periplo della terra, ha esplorato e scalato montagne, ha scavato la terra e si è immerso nei mari, ma non ha mai trovato qualcosa che si trova dentro di lui.

Visnù e i tre passi

Durante una delle sue molte reincarnazioni Visnù, il più venerato tra gli dei dopo Brahma, si ritrovò ad essere un nano.

Volendo liberare il mondo dagli esseri malvagi e orgogliosi che tormentavano l'umanità, girò per tutti i paesi della terra e, dopo aver sconfitto moltissimi esseri cattivi, pensò di domare anche il terribile gigante Bely che spadroneggiava in cielo e in terra.

Il gigante in quel momento stava facendo un sacrificio agli dei.

Visnù gli si rivolse con gentilezza.

- Tu che sei il padrone del mondo - gli chiese - mi concederesti tre passi di terreno perché io possa costruirci una capanna?

Bely, padrone del mondo intero, rise dell'apparente imbecillità del nano.

- Ti accontenti di così poco? - lo derise.

Visnù insistette nella sua richiesta:

- Per un essere piccolo come me, tre passi di terreno saranno più che sufficienti.

Il gigante allora glieli accordò e, come si usa fare per una promessa, gli versò sulle mani dell'acqua.

Ma improvvisamente Visnù acquistò una grandezza così prodigiosa da riempire col suo corpo l'universo intero: misurò la terra con un solo passo, il cielo con un altro e i mari con il terzo.

Quindi intimò al gigante:

- Mantieni la tua promessa e donami ciò che ho misurato.

Il gigante finalmente riconobbe nel nano il grande dio Visnù e gli s'inchinò davanti:

- Uccidimi, potente dio, taglia questa sciocca testa che non ti ha saputo riconoscere!

Ma il dio, soddisfatto del suo comportamento, lo perdonò:

- Ti mando a governare il Pandalon, il paradiso, e ti permetterò di tornare tutti gli anni sulla terra nel giorno della luna piena di novembre.

La civiltà cinese

Le sponde del fiume Giallo e del fiume Azzurro furono popolate già dall'età della pietra.

I cinesi impararono molto presto a praticare l'agricoltura, a lavorare la ceramica e a utilizzare i metalli. Nel corso dei secoli si formarono dei piccoli regni, spesso in lotta tra loro.

L'unificazione della Cina avvenne per merito di Cheng, sovrano del regno di Chin, nel 221 a.C.

La civiltà cinese è quindi molto antica e raccoglie nel corso della sua storia millenaria una grande tradizione religiosa.

I suoi miti, ricchi di fascino e poesia, parlano di draghi e di potenti signori, ma anche di poveri pescatori e di umili tessitrici.

l'angolo di...

CONFUCIO

Figura fondamentale nella religione cinese fu Confucio, nato nel 551 a.C.
Sin da giovanissimo acquisì la fama di uomo saggio e illustre e, quando intraprese un lungo viaggio attraverso la Cina, radunò intorno a sé uno stuolo di discepoli. Secondo il suo pensiero non esistono uomini buoni o cattivi: chiunque può diventare un dotto o un sapiente. Scopo della vita umana deve essere quindi elevarsi e raggiungere la nobiltà spirituale.

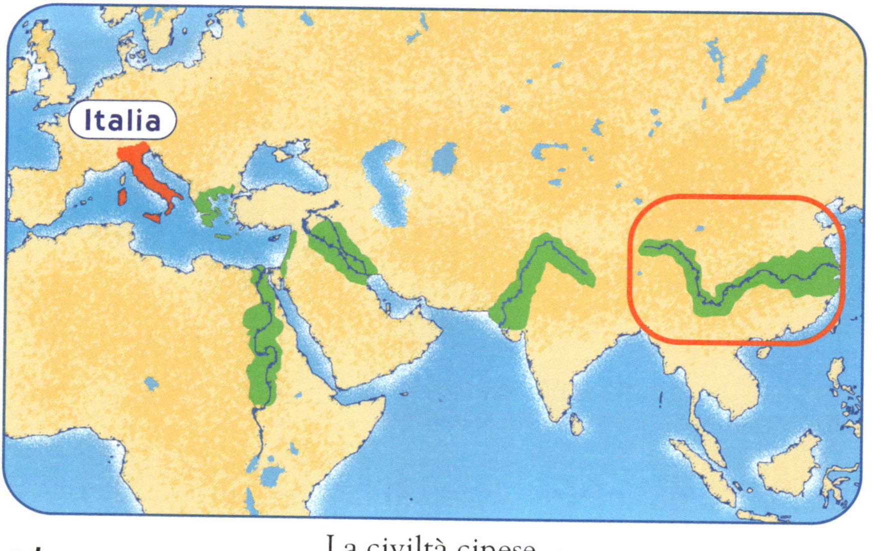

La civiltà cinese

I dieci soli

Migliaia e migliaia di anni fa c'erano dieci soli che apparivano a turno in mezzo al cielo: oggi il primo sole, domani il secondo, dopodomani il terzo, e così via.

Ogni giorno, al cantar del gallo, la loro madre, la Signora del Cielo, alla guida di un carro dorato, andava a prendere il sole di turno e lo scortava fino in mezzo al cielo; poi, giunta la sera, con un carro trainato da nove dragoni rossi come il fuoco, lo riportava a casa.

E così fu per millenni e millenni.

Una notte, però, i dieci soli cominciarono a lamentarsi della loro sorte:

- Brilliamo nel cielo soltanto una volta ogni dieci giorni, non è giusto!

Allora uno propose:

- Domani non aspetteremo che venga a prenderci nostra madre e andremo nel cielo tutti insieme!

Così il giorno seguente i dieci soli apparvero tutti insieme nel cielo.

Fu una tragedia. Il cielo splendeva talmente che

gli uomini non riuscivano a tenere gli occhi aperti. L'aria era rovente, irrespirabile, e ben presto i fiumi si seccarono, le messi bruciarono, uomini e animali morivano come mosche.

Il Signore del Cielo, padre dei dieci soli, venne a sapere dell'accaduto.

Chiamò subito il suo fedele arciere Yi e gli ordinò di andare ad ammonire i figli scapestrati.

L'arciere Yi prese l'arco e le frecce e si diresse verso il mondo degli uomini insieme alla moglie Chang E.

Guardò stupito le sofferenze degli uomini e immediatamente lanciò una freccia nell'aria per spaventare i dieci soli.

Ma quelli continuarono a rincorrersi ridendo e scherzando nel cielo arroventato.

Allora Yi mirò ad uno dei soli e lasciò partire una freccia che centrò il bersaglio. L'astro, simile a una palla di fuoco, cominciò a cadere, e prima di toccare terra si trasformò in un corvo dalle piume color dell'oro.

Una di seguito all'altra, otto frecce partirono e colpirono a morte altri otto soli.

Nel cielo rimase un unico sole, la temperatura tornò normale e gli uomini ripresero a respirare.

L'arciere degli dei

Il Signore del Cielo era furibondo per il comportamento dell'arciere Yi. Egli doveva solo rimproverare i suoi figli, non ucciderli!

Per vendicarsi, decise di non permettere più a Yi e a sua moglie Chang E di tornare nella dimora degli dei.

Chang E pianse e si disperò: prima era una piccola divinità celeste, ma ora, trasformata in una creatura mortale qualsiasi, sarebbe diventata vecchia e brutta e infine sarebbe morta!

Pianse per giorni e giorni, finché una sera un'anziana donna le disse che la dea Regina dell'Occidente possedeva un prezioso filtro che dava l'eterna giovinezza e l'immortalità; subito Chang E supplicò il marito di recarsi nei lontani Monti Kunlun per farsi dare un po' del suo filtro magico.

I Monti Kunlun erano altissimi, pieni di precipizi nascosti e dirupi scoscesi, ma Yi li scalò fino a raggiungere la cima. E sulla cima trovò un sontuoso palazzo reale e un mostro a nove teste che sorvegliava l'ingresso: quella era la dimora della dea Regina dell'Occidente.

Yi entrò nel palazzo, raggiunse la sala del trono e si inchinò rispettosamente davanti alla dea che lo accolse con un sorriso.

- Sei davvero coraggioso - gli disse. - Ti sei arrampicato fin quassù e hai sfidato il mostro a nove teste. Di certo vieni a chiedermi il filtro dell'eterna giovinezza e dell'immortalità. Ho indovinato?

Così dicendo la dea fece un cenno con la mano e immediatamente entrarono volando tre uccelli che con i becchi sostenevano una fiaschetta. Poi si rivolse all'arciere.

Questa fiaschetta contiene il filtro dell'immortalità. Ce n'è a sufficienza per te e per tua moglie e va bevuto nel primo giorno di luna nuova.

Yi ringraziò più volte la dea Regina dell'Occidente, poi, con la preziosa fiaschetta, giunse a casa.

- Ecco il filtro che rende immortali - disse alla moglie. - Il contenuto serve per te e per me e va bevuto nel primo giorno di luna nuova. Intanto, nascondi la fiaschetta in un luogo sicuro.

Ma Chang E desiderava talmente tornare al più presto nella dimora degli dei che una notte, approfittando del fatto che Yi era fuori a caccia, prese la fiaschetta e ingoiò il filtro tutto d'un fiato. Un attimo dopo il suo corpo si fece leggero leggero e cominciò a volteggiare verso il cielo.

Ma a un tratto Chang E ebbe paura.

- Non posso tornare lassù! Così tutti sapranno che ho ingannato Yi e che ho bevuto da sola il filtro dell'immortalità.

Allora si girò e si mise a volare verso la luna.

Chang E la guardò e vide che c'era solo un albero pieno di bianchi fiori profumati e un piccolo coniglio bianco che, con un pestello, frantumava delle erbe senza mai fermarsi.

Poi guardò in basso, verso il mondo degli uomini. C'era chi lavorava nei campi, chi seminava e chi mieteva: tutti sembravano felici! Era piena di rimorsi, ma ormai era troppo tardi, non aveva scelta.

E così ancora oggi è lì, sulla luna, appoggiata al tronco dell'albero fiorito con l'unica compagnia del piccolo coniglio bianco che sminuzza incessantemente erbe magiche con il suo pestello.

Guardando bene, nelle notti di luna piena, chiunque potrà vederla.

La civiltà dei Fenici

I Fenici sono ricordati dalla storia come uno dei grandi popoli marinari dell'antichità.

Vivendo nella stretta striscia costiera che oggi si chiama Libano, sentirono il desiderio di avventurarsi in mare in cerca di nuove terre.

Le loro divinità acquisirono, con il tempo, i caratteri propri di una civiltà legata ai traffici marittimi e al commercio. Melqart, ad esempio, originariamente dio della natura, divenne con il tempo protettore dei naviganti.

Politicamente erano divisi in città, ognuna retta da un sovrano e da proprie leggi. Anche le divinità erano locali, legati al culto di singole regioni.

l'angolo di...

Baal

GLI DEI FENICI

Molte divinità fenicie vennero in seguito assunte da altre popolazioni. Melqart divenne il più famoso Eracle dei Greci o Ercole dei Romani, Beelzebub divenne nel libro dell'Antico Testamento il signore delle mosche e ancora oggi lo conosciamo degradato però al rango di demone. Signore delle città fenicie era invece Baal.

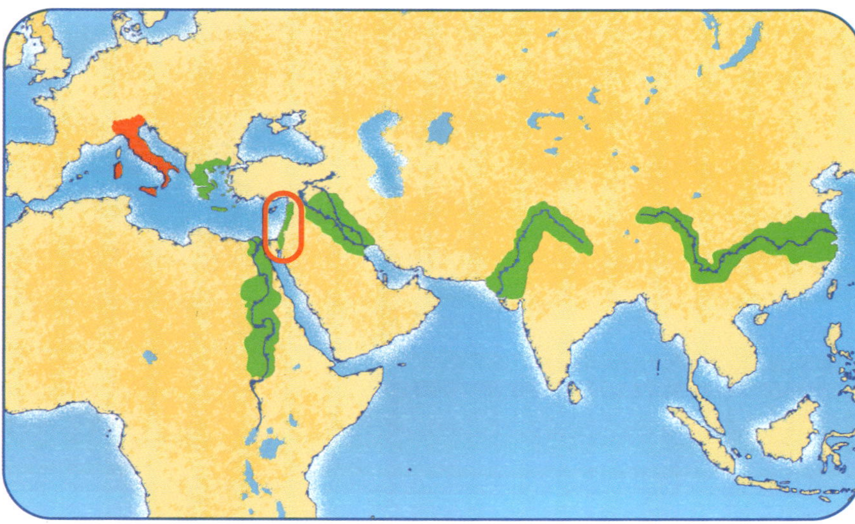

La civiltà dei Fenici

La leggenda delle vigne di Pantelleria

Tanit era la dea dell'amore e della morte, della creazione e della distruzione. Inoltre per i Fenici era anche la dea della luna, dalle molteplici facce.

Una leggenda dell'isola di Pantelleria racconta che un giorno la dea Tanit stava tutta sola sulle rive del mare, quando incontrò un giovane dall'aspetto bellissimo.

Subito se ne innamorò e andò a chiedere il suo nome a Baal, il signore degli dei.

- È il dio Apollo - rispose Baal, - un dio capriccioso e volubile: non si accorgerà mai di te!

Ma Tanit ormai era decisa a raggiungere il suo scopo.

Si recò quindi da Venere, grande maestra dell'amore, e chiese il suo consiglio.

Venere l'ascoltò e dopo un po' rispose:

- Sali sull'Olimpo e fingi di essere la coppiera degli dei. Se saprai portargli un buon vino, lui ti noterà!

Tanit seguì il consiglio e sostituì all'ambrosia,

bevanda abituale degli dei, il mosto delle vigne di Pantelleria.

Poi si recò sull'Olimpo e cominciò a versare il vino nelle coppe degli dei.

Il trucco riuscì ed Apollo non solo notò Tanit, ma se ne innamorò. Da allora Pantelleria si vanta di produrre l'unico vino che fu capace di sostituire l'ambrosia degli dei.

La mesopotamia

La regione che viene chiamata Mesopotamia, cioè la striscia di terra solcata dai fiumi Tigri ed Eufrate, venne abitata nel corso dei secoli da diverse popolazioni. Le più importanti furono i Sumeri, i Babilonesi e gli Assiri.

La loro religione aveva caratteristiche simili, anche se i numerosi dei potevano cambiare di nome a seconda della città o della regione che li venerava. Le divinità erano spesso terribili, in lotta tra di loro o contro mostri tremendi.

In loro onore i sacerdoti, che potevano essere anche i sovrani della città, sacrificavano animali e prodotti della terra e praticavano culti misteriosi nelle ziqqurat, le alte torri a gradini che potevano arrivare a sette terrazze una sopra l'altra.

A noi sono arrivate numerose raccolte di miti e leggende incise su tavolette di argilla con la scrittura cuneiforme.

l'angolo di...

La Dea Isthar

GLI DEI MESOPOTAMI

I principali dei babilonesi erano: Anu, Isthar, Ea, Sin, Samas e Harduk.
I principali dei assiri erano: Assur, Ninlil, Shulmanu.
I principali dei sumerici erano: An, Ki, Enlil, Ninlil e Enki.

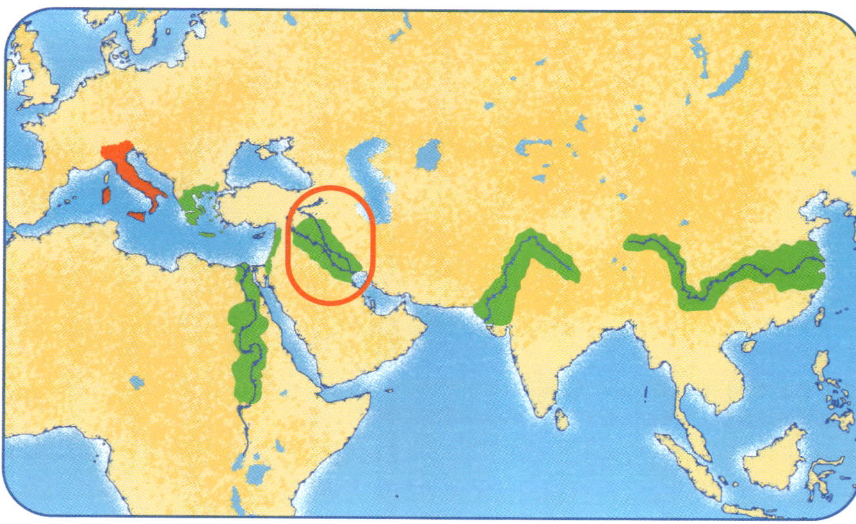

La civiltà della Mesopotamia

L'aquila e il re Etana

(mito sumerico)

In un passato molto lontano l'aquila e il serpente non erano nemici come avviene oggi, anzi si aiutavano vicendevolmente e andavano a cacciare insieme sui monti per nutrire i loro piccoli. Con un solenne giuramento pronunciato davanti al dio Samas, il Sole, si erano promessi eterna amicizia. Vivevano presso il medesimo albero, un pioppo dell'Eufrate: l'aquila aveva nidificato sui suoi rami più alti, il serpente fra le sue radici.

Un giorno, però, l'aquila venne a sapere che il serpente era in cerca di un'erba magica, l'erba della procreazione, in grado di assicurare la sopravvivenza di tutti i suoi figli.

Allora, approfittando di un momento di assenza del serpente, parlò con i suoi piccoli:

- Figli miei - disse - ho saputo che il serpente sta cercando la pianta per procreare. Se la troverà, voi sarete perduti: la terra si popolerà di serpenti e non ci sarà più posto per i figli dell'aquila.

Scese quindi nel suo nido, raggiunse le radici e sbranò i piccoli del serpente.

Al ritorno, il serpente trovò il suo nido distrutto, e dalle orme lasciate sul terreno comprese chi era stato l'autore del misfatto. Disperato, si rivolse al dio Samas:

- Grande dio del Sole, sei stato testimone del mio giuramento e di quello dell'aquila. L'aquila mi ha tradito e ora chiedo giustizia.

Rispondendo alle suppliche, Samas aiutò il serpente a vendicarsi.

- Ti concedo di spennare l'aquila e di gettarla in una fossa, dove morirà di fame e di sete.

Passò così molto tempo, finché un giorno Etana, re della città di Kis, venne a scoprire dai suoi dotti medici che non avrebbe mai potuto avere figli a causa di una malattia di sua moglie.

Etana allora si rivolse disperato al dio Sole:

- Ti supplico, nobile Samas, concedimi dei figli!

Il Sole rispose alle sue suppliche:

- Vai sui monti e raggiungi la fossa dove si trova l'aquila destinata a morire di fame e di sete. Solo lei è in grado di fornirti la pianta della procreazione.

Etana s'incamminò e dopo un lungo viaggio raggiunse l'aquila.

Con molta fatica riuscì a farla uscire dalla fossa, la curò con amore sino a farle ricrescere tutte le piume, la sfamò e la dissetò. Come ricompensa, l'aquila decise di portare Etana in cielo, dove dimorava la pianta.

Etana allora montò sul dorso dell'aquila e cominciò a salire verso l'alto, arrivando vicino al dio del vento, al dio della sapienza, al dio-luna Sîn, al dio-sole Samas.

Una volta arrivati in vista della meta, però, l'aquila si ritrovò improvvisamente senza forze e cominciò quindi a precipitare con Etana verso il suolo.

Qui il testo sumerico si interrompe, proprio in quelle che erano probabilmente le ultimissime righe del racconto. Ma noi pensiamo che Etana sia riuscito a raggiungere la cima del monte e la sua pianta magica, perché in un'altra tavoletta si parla ancora di Etana, re di Kis, e si dice che ebbe un successore di nome Balih.

Il Diluvio universale

(mito babilonese)

An era il dio del cielo, mentre Enlil ed Enki, suoi figli, regnavano rispettivamente sulla terra e sugli abissi.

Enlil era il maggiore e aveva quindi più potere del fratello; suo padre lo amava come i suoi occhi e lo chiamava spesso al suo cospetto.

Suo fratello Enki ne era un po' geloso, ma si consolava con l'amore di Marduk suo figlio.

Un giorno il dio An decise di creare altri dei.

- Abbiamo bisogno di nutrirci e di bere, quindi creerò altri dei perché lavorino al nostro posto la terra.

Ma dopo soli due giorni gli dei si fermarono.

- Siamo stanchi - dissero ad An. - Lavorare la terra è troppo faticoso.

An allora decise di creare l'uomo.

Ma dopo soli due mesi anche l'uomo si rifiutò di lavorare.

- È troppo faticoso, nobile An. Trovati qualcun altro per coltivare i campi.

An allora s'infuriò e disse a suo figlio Enlil:

- Devo castigare gli uomini che si rifiutano di lavorare la terra per me. Che cosa posso fare per punirli?

Enlil rispose:

- Manda sulla terra la pestilenza ed il diluvio! In questo modo li sterminerai tutti e punirai per sempre la ribellione umana!

Suo fratello Enki sentì e corse sulla terra a casa di un uomo pio.

- Costruisci una grande arca - gli disse - e trovaci rifugio insieme alla tua famiglia e ai tuoi animali. Il potente An vuole punire la malvagità degli uomini e manderà un terribile diluvio!

In questo modo l'umanità fu salva e, passato il diluvio, il potente An fu ben felice di sapere che non tutti gli uomini erano morti per il suo castigo.

Enlil però era geloso del salvataggio dell'uomo.

Per vendicarsi, ordinò al dio dei mari di generare il mostro più terribile che si fosse mai visto e di mandarlo in cerca di Marduk, figlio di suo fratello. Il mostro era un drago dall'aspetto terribile: aveva grandi ali piumate e scintillanti di metalli preziosi, inoltre dalle sue fauci spalancate e irte di denti usciva un ruggito sordo e minaccioso.

Un giorno Marduk lo incontrò.

- Chi sei e che cosa vuoi da me? - chiese Marduk al mostro che gli sbarrava la strada.

- Il mio nome è Tiamat - rispose l'orribile bestiaccia - e voglio te, Marduk. Non riuscirai a vincere Tiamat, il drago degli abissi!

Marduk non rispose, ma sguainò la lunga spada e squarciò il mostro in due.

Appese la schiena maculata del mostro in alto, perché diventasse il cielo con le stelle, e poggiò un piede sul ventre del mostro, che divenne la terra con i fiumi e gli oceani.

Da quel giorno Marduk ebbe la supremazia su tutti gli dei.

La storia di Adapa

(mito assiro)

Ea, Signore della Sapienza e della Saggezza, decise una volta di creare per gioco una creatura che avesse l'aspetto di un uomo e la saggezza degli dei.

Scese dunque sulla Terra e nella sacra città di Eridu dette forma ad un essere che chiamò Adapa. Questo essere era così saggio che quando apriva bocca era come se parlassero gli dei stessi e nessuno poteva contraddire le sue parole. Non c'erano arti o mestieri nei quali non fosse maestro: sapeva impastare il pane come un panettiere, pescare come un pescatore e cacciare come un cacciatore. Ed era altrettanto buono quanto era saggio, osservava tutte le leggi degli dei e viveva in pace con tutti.

Un giorno Adapa uscì in cerca di pesce per il pranzo del suo padrone Ea, ma si era appena allontanato dalle sponde che il cielo si fece livido. Ed ecco apparire sopra il suo capo il grande spirito dell'uragano, sotto forma di enorme uccellaccio che spazzava le acque con le ali gigantesche, rendendole agitate e tempestose. La piccola barca oscillava su e giù, sballottata di qua e di là, finché un potente soffio di vento la investì e la rovesciò, e Adapa si trovò a dibattersi nell'acqua, in mezzo ad un branco di pesci. Agitando la mano contro l'uccello, Adapa urlò:

- Uccellaccio della tempesta, spero proprio che ti si spezzi l'ala!

Subito l'ala dell'uccello si spezzò. Per sette giorni sulla terra non soffiò un alito di vento e il mare era piatto come una tavola.

Quando il dio vide che il vento aveva cessato di soffiare, chiamò a sé Ilabrat, l'alato messaggero del cielo.

- Perché - domandò - il vento ha cessato di soffiare?

- Signore - rispose il messaggero, - la creatura che Ea ha creato gli ha spezzato un'ala.

A queste parole il dio si adirò e alzandosi dal trono ordinò che quel miscredente fosse condotto alla sua presenza. Ma Ea accorse in aiuto del suo servitore.

- Adapa - disse Ea, - sciogliti i capelli, cospargiti di cenere il capo e vestiti di stracci; quando avrai raggiunto la porta del cielo vi troverai di guardia due sentinelle. Scorgendoti, ti chiederanno quale ragione ti conduca alla porta del cielo ridotto in uno stato così pietoso. Tu dovrai rispondere: "Sono venuto a piangere e a implorare la misericordia divina". Con queste parole l'ira del dio si placherà ed egli comanderà che cibo e bevande vengano preparate dinanzi a te. Ma tu non dovrai assaggiare quel cibo, perché sarà cibo di morte, e non dovrai bere quell'acqua, perché sarà acqua di morte. Ricorda bene queste mie parole! Non le dimenticare!

Adapa fece dunque ciò che Ea gli aveva detto: si sciolse i capelli, si cosparse il capo di cenere e si vestì di stracci. Quando giunse alla porta del cielo, trovò due guardiani, proprio come aveva detto Ea.

- Altolà! - gridarono sbarrandogli il passo. - Che cosa ti porta alla corte degli dei ridotto in tale maniera?

Ma Adapa fu pronto a rispondere:

- Sono venuto a piangere e a implorare la misericordia divina.

A queste parole i guardiani si intenerirono e lo introdussero alla presenza del dio. Allora il dio sorse dal trono e con voce forte e terribile disse:

- Adapa, avanza e rispondi! Perché hai spezzato l'ala dell'uccello delle tempeste?

Ma Adapa non si turbò e rispose con calma:

- Signore, la cosa è andata così: Ea, il mio Signore della Sapienza, mi ha fatto più saggio di tutti gli uomini e mi ha rivelato i segreti del cielo e della terra. Io lo ringraziavo, perciò, procurandogli il cibo quotidiano. Un giorno mi avventurai nell'oceano per cercargli del pesce. Quando calai in mare la barca, il mare era calmo come uno specchio, ma d'improvviso l'uccello delle tempeste agitò e sconvolse le acque in tal modo che la mia nave fu rovesciata e il mio padrone rimase senza cibo. Per questo io, preso da cieca ira, scagliai contro di lui un'invettiva così potente che l'ala dell'uccello fu spezzata.

A tali parole l'ira del dio si placò e il suo cuore si intenerì.

- Adapa è scagionato da ogni colpa e non verrà punito - disse rivolgendosi agli dei che gli stavano intorno. - Inoltre, poiché Ea ha creato Adapa uguale agli dei, nonostante il suo aspetto sia quello di un mortale, d'ora innanzi egli avrà il rango di dio! Offritegli dunque cibo e acqua affinché possa mangiare e bere come noi, e diventare in tal modo uno di noi!

Ma quando posero dinanzi a lui cibo e acqua, Adapa si ricordò delle parole di Ea e non volle né mangiare né bere.

- Adapa - disse allora il dio affabilmente, - non sei caduto nel mio tranello, quindi ti ricompenserò: non sarai soggetto alle malattie dei mortali, la potente Signora della salute sarà sempre al tuo fianco, sarai dominatore di uomini, i tuoi eredi regneranno in eterno e la città di Eridu, dove vivi, non pagherà tributi ad alcun mortale!

E così fu e così è ancora oggi. Perché i figli di Adapa siedono ancora oggi sul trono, e la città di Eridu non paga tributi a nessuno.

L'ANTICO EGITTO

Il popolo egizio viveva tutto concentrato nella Valle del Nilo, una stretta lingua di terra che in alcuni punti arrivava alla larghezza di poco più di un chilometro, mentre in altri raggiungeva un'estensione di 21 km. Tutto attorno era deserto.

Così questo popolo visse a lungo in quasi completo isolamento. Inoltre la sua scrittura sacra, i geroglifici, risultava incomprensibile per i non Egizi e, di conseguenza, i miti e la cultura degli Egizi non si diffusero nel Mediterraneo.

La loro religione ha caratteristiche uniche, come il fatto di adorare alcune specie di animali, la cura estrema che si prendevano per il loro corpo dopo la morte, la grande fiducia nella magia.

I miti egizi sono ricchi di intrecci e di complicazioni; di ogni storia esistono decine di varianti diverse. Tutte fanno, però, parte di un unico grande racconto che prende il via dalla creazione dell'universo e arriva al regno di Horus.

l'angolo di...

Horus, Osiride e Iside

GLI DEI EGIZI

Gli Egizi erano politeisti, cioè credevano in molti dei. Ogni elemento o fenomeno della natura di difficile comprensione veniva spiegato come manifestazione di una divinità. C'erano il Sole (Ra), la Luna (Iside), il Cielo (Nut), la Fecondità (Osiride). Gli Egizi veneravano anche alcuni animali: il coccodrillo, il gatto, il bue, lo sciacallo.

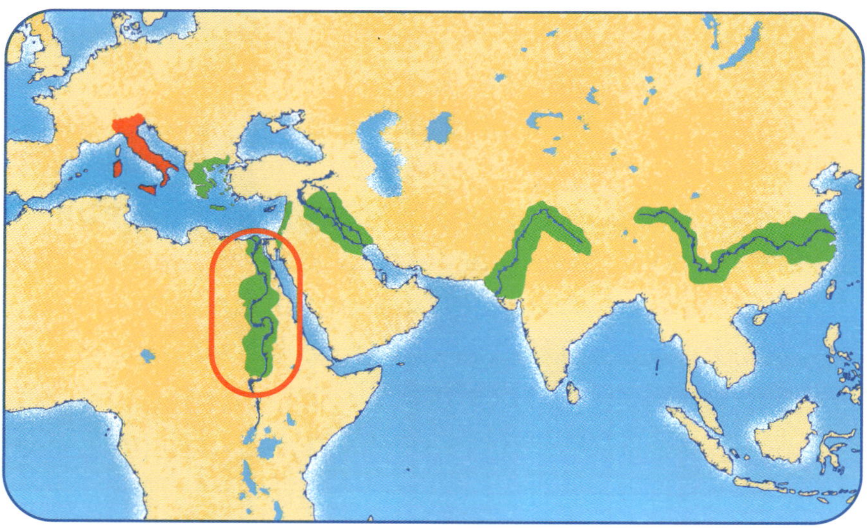

La civiltà egizia

La nascita dell'universo

All'inizio non c'era nulla, esisteva solo un'immensa distesa d'acqua, l'acqua del Nun.

Atum, il dio creatore, stava sempre sulle acque del Nun. Non aveva neppure un luogo dove stare in piedi o seduto, perciò formò la prima collinetta di terra, su cui poté finalmente riposare.

Ma Atum era solo.

Allora disse:

- Mi creerò dei figli!

E aprì la bocca: dalla sua saliva nacque Tefnet, dea dell'umidità e dal suo alito nacque Shu, dio dell'aria.

Shu e Tefnet generarono a loro volta due figli: Geb, la terra, e Nut, il cielo.

La dea Nut sposò il dio Geb, ma suo padre, che non voleva acconsentire al matrimonio, cercò di punire la figlia con una terribile maledizione.

- Anche se sposi Geb - le disse - non potrai mai avere figli da lui. Dalla vostra unione non nascerà mai un bambino in nessun giorno, di nessun mese, di nessun anno!

Nut pianse a lungo per la disperazione, ma poi

corse ai ripari.

Si recò da Thot, scrivano degli dei e protettore del tempo, e lo sfidò a una partita a dadi.

- Se perderò questa partita, diventerò tua moglie! - gli promise.

Thot acconsentì volentieri, ma venne sconfitto dalla furba Nut che chiese la sua ricompensa:

- Sei il dio del tempo, quindi voglio da te cinque giorni in regalo!

Thot dovette concederglieli e durante quei cinque giorni speciali, che non appartenevano a nessun mese di nessun anno, Nut poté generare dei figli.

Nacquero così Osiride, Horo , Seth, Iside e Nefti.

La ribellione degli dei

Dopo aver generato gli dei suoi figli, Atum–Ra si dedicò alla creazione del mondo. Pronunciò i nomi dei quattro venti, delle acque dell'inondazione, tutti i nomi delle piante e degli animali e in questo modo li creò. Infine fece gli uomini, creandoli con le lacrime del suo occhio.

Dopo aver creato ogni cosa esistente, Atum–Ra diventò il re degli dei e degli uomini e governò a fianco di sua figlia Maat, l'incarnazione della giustizia e della verità.

Atum–Ra regnò per molti anni, ma poi venne il momento in cui cominciò a invecchiare: le sue ossa erano d'argento, la sua carne d'oro e i suoi capelli di lapislazzuli.

Gli dei suoi sudditi si accorsero che il grande re si stava indebolendo e cominciarono a tramare contro di lui. Prima tra tutti la potente Iside che sognava di regnare sul cielo e sulla terra.

Per poterlo fare, però, l'unico modo era di conoscere il nome segreto di Atum–Ra, il nome che gli conferiva il potere.

Iside, che era una grande maga, riuscì un giorno a impossessarsi di una lacrima di Atum–Ra, la impastò con della sabbia e ne fece un serpente al quale diede la forma di una freccia appuntita.

Quindi mise la freccia sul sentiero dove il vecchio dio era solito fare una passeggiata. L'animale punse il re degli dei, il quale si mise subito a urlare di dolore:

- Aiuto! Soccorso!

Gli dei accorsero numerosi e trovarono il vecchio re che batteva i denti e tremava dal freddo, mentre il veleno penetrava nel suo corpo.

Tutti i suoi figli tentarono in ogni modo di liberarlo dal terribile dolore, ma inutilmente. Poi arrivò Iside.

- Che c'è, padre? - domandò.

- Sono più freddo dell'acqua e più caldo del fuoco. I miei occhi non riescono a vedere il cielo, il mio viso è un bagno di sudore.

- Dimmi il tuo nome segreto, padre mio - rispose la dea - e ti potrò guarire.

Il vecchio re però non voleva rivelare il suo nome e tentò di prendere tempo.

- All'alba mi chiamo Khepri, a mezzogiorno Ra, al tramonto Atum!

L'astuta Iside non si lasciò ingannare.

- Non mi hai detto nulla di nuovo! Dimmi il tuo nome segreto e il veleno se ne andrà!

Il veleno bruciava come il fuoco e allora Atum–Ra gridò:

- Giura che nessuno saprà mai il mio nome segreto all'infuori di te e di tuo figlio Horo, che regnerà per questo motivo sulla terra d'Egitto!

Iside giurò e il nome segreto del dio passò dal cuore di Atum–Ra a quello della dea. Il veleno scomparve e il re guarì.

La ribellione degli uomini

Anche gli uomini un giorno si ribellarono al potente dio Atum–Ra.

Tramarono contro di lui dicendo che era ormai vecchio e stanco, ma poi, spaventati da ciò che avevano fatto, fuggirono nel deserto per nascondersi.

Il vecchio re chiamò a consulto i suoi figli perché lo consigliassero.

- Molti uomini sono fuggiti nel deserto per nascondersi alla mia collera - spiegò. Che cosa devo fare? Devo mandare il mio occhio a cercarli?

Rispose qualcuno:

- Non puoi mandare il tuo occhio, perché l'umanità è stata creata proprio dalle tue lacrime e quindi il tuo occhio avrebbe compassione dei suoi figli. Manda Hathor, invece, sotto forma di feroce leonessa. Lei andrà nel deserto, troverà quegli uomini malvagi e li punirà!

Si decise quindi di fare in quel modo.

Hathor andò nel deserto, scovò gli uomini e cominciò a divorarli.

Eseguì il suo compito con un tale gusto che

Atum–Ra ne fu turbato.

- Non volevo distruggere tutta l'umanità! - disse. - Volevo solo punire coloro che avevano tramato contro di me.

Hathor però non voleva saperne di smettere il suo infelice compito e continuava a vagare per il deserto sotto forma di leonessa.

Allora Atum–Ra mandò i suoi messaggeri più veloci nell'isola di Elefantina, perché prendessero delle grandi quantità di ocra rossa di quella regione.

Quindi ordinò al sommo sacerdote di Eliopoli di ridurla in polvere.

Nel frattempo le schiave del dio avevano preparato della birra d'orzo.

- Mescolatela con l'ocra! - ordinò Atum–Ra. E la birra divenne rossa come il sangue.

- Spargetela sulla terra! - ordinò ancora il dio. E gli schiavi versarono immense quantità di birra sulla terra, finché i campi non ne furono sommersi.

Quando arrivò Hathor scambiò il liquido rosso per sangue e ne bevve profonde sorsate, finché non si ubriacò a tal punto da dimenticare completamente di voler distruggere gli uomini.

In questo modo l'umanità fu salva.

Il regno di Osiride

Osiride, in qualità di figlio primogenito, governò come re d'Egitto dopo il potente Atum–Ra.

Fu un re saggio e giusto e portò ai suoi sudditi la civiltà e l'agricoltura. Insegnò loro ad amare gli dei, ad obbedire alle leggi, a pigiare l'uva e a fare il vino.

Gli venne dato per questo motivo l'appellativo di "il buono".

Godeva del favore degli uomini e tutti lo amavano.

Suo fratello Seth, però, era geloso di questo e tramava contro di lui. La rabbia di Seth esplose il giorno che Osiride, dovendo partire per il mondo, lasciò sua moglie Iside come reggente d'Egitto.

Seth, invidioso, pensava:

"Sono io suo fratello. La reggenza spetta a me!"

Decise quindi di complottare per uccidere suo fratello.

Si procurò settantadue complici e, una volta tornato Osiride, lo invitò ad un banchetto.

- Ho radunato tutti i tuoi amici - gli disse. - Vieni alla cena che ho organizzato per te!

Osiride accettò e si recò al banchetto.

Alla fine della cena Seth fece portare nella sala un bellissimo baule di legno di cedro intarsiato con ebano e avorio.

- Lo regalerò a chi si potrà sdraiare al suo interno.

A uno a uno tutti gli ospiti provarono, ma inutilmente: erano troppo grassi o troppo alti.

Alla fine provò Osiride il quale, non sapendo che il baule era stato costruito sulle sue misure, entrò senza sospetti e si sdraiò.

Tutti gli ospiti si precipitarono sulla cassa e la sigillarono con dei chiodi, poi ricoprirono il baule con piombo fuso e lo gettarono nel Nilo.

Il fiume lo trasportò lontano nel Grande Verde e, dopo molti giorni, lo depositò sulla costa del Libano, vicino alla città di Byblos.

Proprio nel punto in cui era approdato il baule crebbe un bellissimo sicomoro che divenne tanto alto e rigoglioso da attirare l'attenzione del re di Byblos, che lo fece tagliare e portare nel suo palazzo, dove venne innalzato come pilastro nella sala principale.

Osiride restò lì finché sua moglie Iside raggiunse Byblos e si fece ricevere dal re.

- Voglio il tuo pilastro - disse quando venne ricevuta. E in cambio gli promise una vita lunga e felice.

Il re acconsentì ed Iside poté finalmente liberare il corpo del marito, tagliando il legno del baule.

La morte di Osiride

Iside riportò il marito in Egitto e nascose il suo corpo in un boschetto perché voleva andare a prendere suo figlio Horo che aveva dovuto abbandonare durante le sue peregrinazioni.

Seth, che era a caccia nelle paludi del Delta, vide il corpo di Osiride incustodito e, per paura che Iside potesse ridargli la vita, lo tagliò in quattordici pezzi che sparpagliò per tutto quanto l'Egitto.

La povera Iside ritornò e non trovò più il corpo del marito.

Pianse per giorni e giorni e le sue lacrime gonfiarono il Nilo e causarono l'inondazione.

I suoi fratelli sentirono i suoi pianti ed accorsero.

- Che succede sorella?

- Seth ha rapito il corpo di Osiride e l'ha tagliato in quattordici pezzi!

I fratelli decisero allora di aiutarla e tutti si misero a vagare per l'Egitto, ritrovando, pezzo per pezzo, il corpo di Osiride. Dovunque ne veniva recuperata una parte, Iside lasciava un modello di cera con l'ordine di venerarlo.

Alla fine tutte le parti furono ritrovate. Iside si mise seduta accanto ad esse e cominciò a piangere così rumorosamente che Anubi, il dio con la testa di sciacallo, arrivò in suo aiuto.

- Che succede sorella? - domandò.

- Ho ritrovato i pezzi del corpo di Osiride, ma vorrei vederlo ancora tutto intero per mostrarlo a suo figlio Horo!

Anubi la confortò:

- Ti aiuterò io!

E imbalsamò le membra di Osiride, avvolgendolo con le bende. Creò così la prima mummia.

Iside a quel punto si tramutò in un nibbio e, sventolando le sue ali, soffiò nella mummia del suo sposo l'alito della vita. Osiride si svegliò e ritornò alla vita, ma non era abbastanza forte da riprendere il suo posto sul trono d'Egitto.

Atum–Ra decise allora che diventasse signore del regno dei morti e lo fece trasportare nel mondo sotterraneo.

L'avvelenamento di Horo

Dopo aver perduto il marito, Iside fuggì lontano da Seth per proteggere almeno il figlio Horo.

Si rifugiò nella città di Chemnis nel Delta, ma in quel luogo dimenticato non c'era nessuno a nutrirla e a prendersi cura di lei.

Fu costretta a travestirsi da mendicante e a lasciare Horo da solo per andare in cerca di cibo.

Vagabondò per un'intera giornata e, quando finalmente tornò, trovò suo figlio steso a terra, immobile e rigido come la pietra.

Lo prese in braccio con amore ma si accorse che Horo non aveva alcuna forza.

Iside allora cercò di allattarlo, ma il piccolo non aprì neppure gli occhi.

- Che hai figlio mio, che ti è successo? - disse Iside

disperata.

Ma non giunse nessuna risposta.

- Dimmi qualcosa, ti prego, parlami! - provò ancora la mamma di Horo piangendo di dolore. Disperata, non sapeva che fare.

"Se chiamo in aiuto gli dei" si disse "accorrerà anche Seth! Che posso fare?"

In quel momento arrivò una donna delle paludi, una grande signora, famosa in città per la sua sapienza. Vedendo che Iside era disperata le si avvicinò con gentilezza e le chiese cortesemente:

- Che ti succede? Posso aiutarti in qualche modo? Perché piangi?

- Mio figlio! - urlò Iside. - Forse Seth lo ha trovato e gli ha lanciato un maleficio!

La donna osservò il bambino.

- Seth non è stato di sicuro - spiegò. - Ha l'ordine di non avvicinarsi alla nostra città. Credo però che tuo figlio sia stato punto da uno scorpione! È molto pericoloso e bisogna fare subito qualcosa!

Iside avvicinò il suo naso alla bocca del figlio.

- Sì, sento l'odore del veleno, ma io che sono sua madre non posso salvarlo!

Chiamò allora a gran voce suo padre Atum–Ra perché intervenisse.

Il potente dio fece fermare la sua Barca di Milioni di Anni e ne fece scendere Thoth che arrivò da Iside e pronunciò la sua formula magica:

- Torna indietro, o veleno. La barca del dio sole resterà immobile finché Horo non guarirà per la gioia di sua madre!

Il veleno fu sconfitto e Horo guarì.

Il regno di Horo

Horo restò a Chemnis, protetto dagli abitanti della città, finché non diventò grande.

Alla fine venne il giorno in cui Iside poté portarlo al cospetto degli dei per rivendicare il suo diritto ereditario.

- Mio figlio Horo è tornato! - disse la dea al tribunale degli dei. - Rivendica il trono d'Egitto che è stato di suo padre e del padre di suo padre, prima di lui!

Ma ormai il potente Atum–Ra preferiva Seth a suo figlio Horo.

- Preferisco che sia un uomo esperto ad avere la sovranità - disse infatti il vecchio re. - Tuo figlio è appena uscito dall'infanzia, è ancora troppo giovane per regnare.

A queste parole scoppiò un putiferio.

Iside urlava e chiedeva giustizia, Seth inveiva contro il giovane Horo.

La cosa andò avanti per giorni, finché Atum–Ra, stanco di quelle continue dispute, decise di porre fine a questa situazione.

- Invierò una lettera a Osiride, nel mondo sotterraneo, per chiedergli la sua opinione. Dopo tutto, lui è stato l'ultimo re dell'Egitto. Tocca a lui esprimere un giudizio.

Il dio del regno dei morti rispose:

- Io ho donato l'orzo e il farro all'Egitto per nutrire gli uomini e gli dei, tocca quindi a mio figlio regnare dopo di me!

Fu così che Horo venne messo sul trono come re del Basso e dell'Alto Egitto.

Regnò a lungo con giustizia e rettitudine, finché dopo molti secoli, consegnò il suo trono a un successore umano.

Il trono si chiamava ormai "trono di Horo" e da allora in poi ogni sovrano in carica si chiamò "l'Horo" e ogni sovrano morto "l'Osiride".

La civilità greca

La Grecia è una penisola montuosa con poche, strette e aride pianure, quasi tutte a ridosso del mare. Per questo, sin dal 2000 a.C., gli abitanti della terraferma e delle isole rivolsero la loro attenzione alla pesca e al commercio.

Secondo il pensiero greco, all'origine di tutto esisteva solo il Caos, una massa informe e disordinata di terra e di fuoco.

Fu il Caos a generare le prime divinità.

Le divinità greche erano molto simili agli uomini: possedevano i nostri difetti e le nostre virtù, litigavano e si amavano come facciamo noi. Diversamente da noi, erano però immortali.

La fantasia dei Greci ha collocato gli dei sul monte Olimpo, la montagna più alta della Grecia. Lì, tra le nuvole che sempre nascondevano la sua cima, viveva la corte celeste, tra il lusso di una vita agiata. A volte gli dei scendevano sulla terra, spesso sotto le spoglie di un comune mortale, perché ad essi piaceva molto interessarsi delle faccende degli uomini e interferire nei loro progetti.

Un loro capriccio poteva mutare le sorti di una

guerra o la vita di un essere umano, perché potevano ottenere tutto ciò che volevano.

L'unica divinità a cui neppure loro potevano sottrarsi era il Fato, la legge immutabile, il destino stabilito prima della notte dei tempi.

Nelle bellissime storie della mitologia greca troviamo inoltre gli eroi, esseri straordinari, per metà uomini e per metà dei, dotati di capacità prodigiose. Gli eroi erano molto amati dagli antichi e a loro sono dedicate alcune delle più belle storie di tutta la mitologia.

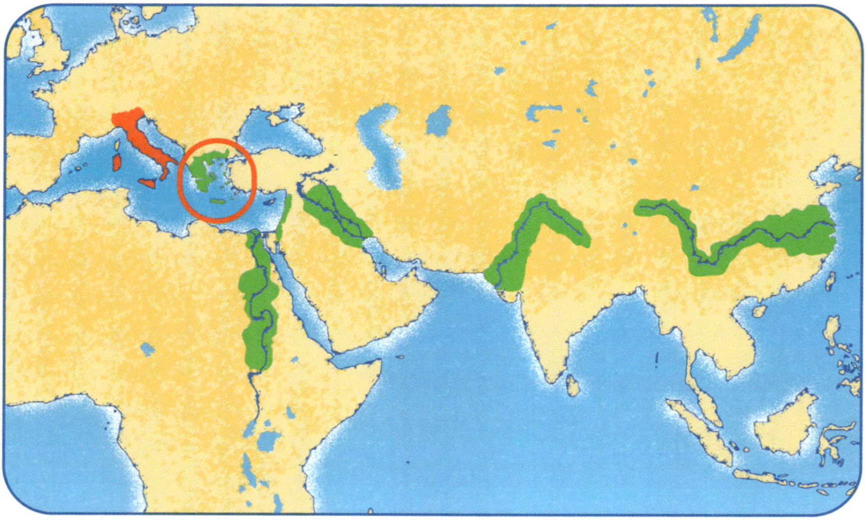

La civiltà greca

NEL FANTASTICO MONDO DEGLI DEI

ZEUS (GIOVE)
Signore del cielo e della terra

ERA (GIUNONE)
Dea del matrimonio e dei parti

EFESTO (VULCANO)
Dio del fuoco e dei metalli

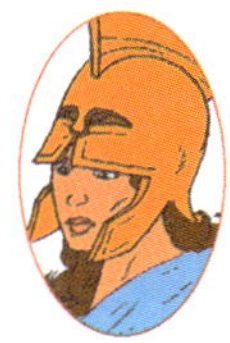

ATENA (MINERVA)
Dea della sapienza e della guerra

AFRODITE (VENERE)
Dea della bellezza

POSEIDONE (NETTUNO)
Signore dei mari

DIONISO (BACCO)
Dio del vino e della gioia

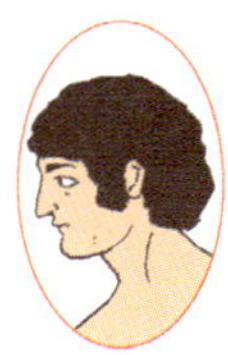

ERMES (MERCURIO)
Messaggero degli dei

ARES (MARTE)
Dio della guerra

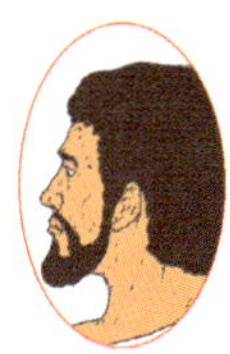

ADE (PLUTONE)
Dio dell'oltretomba

APOLLO (APOLLO)
Dio della luce

Un corteggiamento molto originale

Zeus aveva un debole per le belle ragazze. Per conquistarle le provava davvero tutte: utilizzava i suoi poteri divini per rendersi irresistibile e, quando sapeva di non avere comunque possibilità di riuscita, ricorreva ai travestimenti. In questo campo il capo degli dei dimostrò di avere molta fantasia: si trasformò in un cigno, in un toro bianco, in una nuvola e in un'occasione addirittura in una pioggia dorata.

Una volta, però, persino Zeus rischiò di essere rifiutato.

Il padre degli dei, infatti, si era invaghito di una dea bellissima e maestosa, la corteggiava con particolare insistenza, ma lei lo allontanava sdegnosamente. Questa divinità si chiamava Era, sua sorella.

Ogni giorno Zeus offriva magnifici regali e lettere d'amore alla sua amata, ma Era rifiutava continuamente.

Un pomeriggio Zeus venne a sapere che sua sorella andava spesso a fare delle brevi passeggiate nel bosco e allora si nascose per spiarla.

Quando la vide, scagliò uno dei suoi potenti fulmini e fece scatenare una terribile tempesta, poi si trasformò in un cuculo.

Sorpresa dal temporale improvviso, Era scappò a ripararsi in una piccola capanna di pastori, ma, mentre stava entrando nella catapecchia, scorse quel povero cuculo trascinato dal vento. Era tremante per il freddo e spaurito, e ad un tratto si posò nel suo grembo.

- Oh, poveretto! - disse la dea tendendo le braccia per coprirlo con la sua veste. - Vieni qui, sotto il mio mantello. Potrai riprendere le tue forze!

E se lo strinse vicino per riscaldarlo.

All'improvviso il cuculo riprese le sue sembianze e ritornò ad essere il potente Zeus che con voce squillante chiamò a sé tutti gli dei dell'Olimpo.

- Accorrete! Era finalmente ha deciso di amarmi!

Le altre divinità accorsero subito e videro Era che stringeva ancora tra le braccia Zeus.

Subito dopo ci furono le nozze, organizzate in modo fastoso. Vi parteciparono tutti gli dei e ognuno portò il suo regalo agli sposi.

Il viaggio di nozze durò trecento anni e dall'unione delle due divinità nacquero molti dei, tra cui Ares ed Efesto.

La coda del pavone

Un giorno Io, figlia del re di Argo, mentre rientrava alla casa paterna, fu fermata da Zeus che si era innamorato di lei.

- Se accetterai il mio amore - le disse - ti costruirò una dimora nel bosco. Nessuno più ti troverà e io ti verrò a trovare ogni volta che lo vorrai.

Io, spaventata da quelle parole, iniziò a fuggire, ma Zeus, non volendo rinunciare a lei, si trasformò in una nube e la inseguì.

Era, però, dall'alto dell'Olimpo notò quella strana nuvola che correva veloce, e conoscendo il carattere allegro del suo sposo, dopo averlo cercato invano nella reggia olimpica, capì subito che il prodigio della nube altro non era che Zeus.

"Mio marito me ne sta facendo ancora una volta una delle sue" disse fra sé intuendo il tradimento.

E scese sulla terra.

Zeus sentì subito la vicinanza della moglie e, per nascondere il suo tradimento, trasformò la dolce Io in una candida mucca.

Era, che era molto furba, si rivolse al suo sposo

con tono gentile:

- È davvero un animale bellissimo. Me lo regali?

Zeus non sapeva che cosa fare: negarle il dono significava ammettere il suo tradimento, ma concederle la mucca significava condannare Io ad un triste destino.

Alla fine Zeus preferì evitare l'ira della sua sposa e le consegnò l'animale.

- È tua! - le disse. - Te la regalo in segno del mio amore.

Ma la dea non era ancora tranquilla.

Per paura che il marito cercasse di liberare Io, affidò la custodia della mucca ad Argo, un orrido mostro dai cento occhi che erano sistemati su tutto il corpo e si riposavano a turno: mentre cinquanta occhi si chiudevano, gli altri cinquanta vegliavano.

Il tempo scorreva triste per la povera Io, costretta di giorno a pascolare e ad abbeverarsi al fiume e di notte ad essere legata con un collare in modo che non scappasse.

Intanto Zeus, che si sentiva colpevole per aver condannato Io ad un destino così crudele, chiamò Ermes, il messaggero degli dei, e gli diede, in tutta segretezza, un incarico delicatissimo.

- Vola sulla terra - gli ordinò - e libera la fanciulla dalla schiavitù a cui l'ha condannata Era.

Il giovane dio, presa la bacchetta d'oro e il suo leggendario copricapo alato, volò sulla terra e si presentò ad Argo sotto le sembianze di un giovane pastore di capre. Iniziò subito a suonare uno strumento formato con delle canne. La melodia che ne usciva era tanto armoniosa che lo stesso Argo cadde in un sonno profondo e a poco a poco chiuse tutti i suoi cento occhi.

Ermes approfittò del momento favorevole e, rapidissimo, uccise il mostro gettandolo da una rupe.

La giovane Io era finalmente libera.

Era, immediatamente avvertita della morte di Argo, andò a prendere i suoi cento occhi e li fissò alla coda di un pavone, animale che divenne a lei sacro.

Un artigiano un po' ubriaco

Efesto era uno dei figli di Zeus e di Era. Era nato deforme ed era talmente brutto che, quando sua madre lo vide, si vergognò di lui e dall'Olimpo lo lanciò nel vuoto.

Efesto cadde nell'Oceano e fu raccolto da Teti, una ninfa delle acque. Teti lo curò con amore ma il piccolo rimase menomato e zoppicò per sempre.

Il dio, fin da piccolo, cominciò a lavorare come fabbro e ben presto si dimostrò un bravissimo artigiano, tanto che spesso gli dei e gli eroi ricorsero alla sua opera. Suo padre Zeus, ad esempio, volle da lui le folgori, mentre Teti gli chiese di forgiare le armi per suo figlio Achille che stava partendo per la guerra di Troia.

La sua officina era nel Vesuvio e lì lavorava, giorno e notte, aiutato dai Ciclopi.

Un giorno Efesto fece ritorno nell'Olimpo e sua madre, per farsi perdonare, gli concesse in sposa la dea più bella: Afrodite, dea dell'amore.

Ma Efesto non aveva ancora scordato l'affronto della madre che lo aveva abbandonato e volle vendicarsi.

Così un giorno fabbricò un magnifico trono d'oro e lo mandò come dono ad Era.

La dea, felice per il regalo inaspettato, vi si sedette subito, ma il trono era fatato e imprigionava con catene invisibili chiunque provasse a sedervisi sopra.

Era vi rimase bloccata e cominciò a strillare in cerca d'aiuto.

Arrivarono tutti gli dei e, a uno a uno, tentarono di liberarla, ma inutilmente.

Intervenne allora direttamente Zeus.

Il re degli dei chiamò Dioniso, dio del vino, e gli ordinò:

- Vai subito a chiamare Efesto, fallo venire qui sull'Olimpo e digli di liberare Era.

Dioniso scese sulla terra, s'introdusse nel cratere del Vesuvio e parlò ad Efesto:

- Devi venire subito nell'Olimpo per liberare Era dalle catene!

- Non ci penso proprio! - rispose Efesto, e riprese a lavorare. - Voglio lasciarla in catene per l'eternità!

Dioniso aveva previsto la reazione di Efesto e gli aveva preparato una trappola.

- Posso restare a guardarti lavorare? - chiese.

- Fai pure! - rispose Efesto, continuando a battere con il martello sull'incudine.

Dioniso aspettò ancora un po', poi gli si avvicinò.

- C'è un'aria irrespirabile nella tua fucina! Bevi un po' di questo nettare: ti rinfrescherà la gola!

Efesto accettò con gratitudine il liquido di Dioniso.

- È buonissimo! - disse sorpreso. - Come si chiama?

- Vino! - spiegò il dio. - Bevine ancora!

In poco tempo, come Dioniso aveva previsto, Efesto si ubriacò, così riuscì a trasportarlo fino all'Olimpo, dove, al cospetto del re degli dei, non poté rifiutarsi di liberare sua madre e la sciolse dalle catene.

Il mito di Aracne

Atena, figlia prediletta di Zeus, era la protettrice dei mestieri ed era quindi molto abile nell'arte di tessere la tela. I suoi lavori al telaio erano talmente belli che Era le chiese di tessere per lei la sua tunica nuziale, l'abito che avrebbe indossato per il matrimonio con Zeus.

Come tutte le divinità, però, Atena aveva un difetto: credeva che non esistesse nessuno più bravo di lei nella tessitura.

Ma sulla terra c'era una donna mortale che non la pensava così. Si chiamava Aracne e viveva in un piccolo villaggio della Grecia.

Anche Aracne era un po' presuntuosa e si vantava della sua bravura come tessitrice con chiunque fosse disposta ad ascoltarla.

- I miei tessuti sono perfetti - diceva sempre.
- Nessuno al mondo riesce a farli belli come i miei.

Un giorno arrivò addirittura a sostenere di essere più brava della grande Atena.

Naturalmente questo la dea non riuscì a sopportarlo. Così scese sulla terra e si presentò ad Aracne sotto le spoglie di una comune mortale.

- Mi dicono che sei un'abile tessitrice! - disse.

La donna sorrise.

- È vero! So fare tappeti ed arazzi magnifici!

La dea insistette:

- È vero che sai tessere meglio della grande Atena?

- Verissimo! - rispose pronta la donna non sospettando l'inganno.

All'improvviso, in uno sfolgorio di luce, la dea le apparve in tutto il suo splendore.

- Bene! Dimostramelo! Ti sfido ad una gara di tessitura!

Le due donne si misero subito al telaio e in poco tempo gli arazzi furono pronti.

Il lavoro di Aracne risultò molto più bello di quello di Atena, e questo la dea non poteva sopportarlo.

Allora la dea decretò:

- Hai dimostrato davvero di essere un'abile tessitrice, perciò ti trasformo in ragno. In questo modo potrai tessere per sempre, ma nessuno ti potrà ammirare, perché la tua tela si romperà subito.

Afrodite

Il pomo della discordia

Un giorno si stavano celebrando le nozze tra il re Peleo e la dea Teti. Erano state organizzate da Zeus in persona, il quale sapeva bene che da quell'unione sarebbe nato l'eroe Achille, e quindi voleva fare le cose in grande.

Per fare onore ai due sposi erano stati invitati tutti gli dei dell'Olimpo, ad esclusione della Discordia: volevano evitare che la dea rovinasse la magnifica festa.

A un tratto, però, al culmine dei festeggiamenti, le porte della sala del banchetto si spalancarono e, tra nuvole nere gonfie di pioggia, fece la sua comparsa una divinità brutta e sgraziata: era proprio la Discordia, che avanzò fino al centro della sala, con gli occhi scintillanti di rabbia.

- Non mi avete invitato alla festa! - urlò con un terribile ghigno. - Ma io voglio comunque lasciarvi un dono!

E gettò sulla tavola una mela d'oro.

Zeus la raccolse e, nel silenzio generale, lesse quello che era inciso sulla sua superficie:

- Alla più bella!

Immediatamente si fece avanti Era con la mano tesa.

- Allora questa mela è mia! Io sono la moglie di Zeus, perciò valgo più di tutte!

Ma subito intervenne Atena.

- Io però sono molto più bella di te e soprattutto sono la figlia prediletta, perciò la mela spetta a me!

A quel punto s'intromise Afrodite.

- Vi state sbagliando: la mela è mia. Sono le dea dell'amore e della bellezza, e il premio può toccare solo a me!

Scoppiò un putiferio.

Le tre dee si rivolsero a Zeus:

- Tu sei il padre degli dei. Esprimi il tuo parere.

Zeus, che non voleva inimicarsi nessuna delle tre divinità, decretò con saggezza:

- Chiamate un estraneo per giudicare. Scegliete un uomo qualunque, un poveretto che non vi conosce. Il suo giudizio sarà più imparziale del mio.

Venne così chiamato un povero pastorello che stava sorvegliando il suo gregge sui monti. Era

Paride, figlio del re di Troia, che tutti credevano morto da tempo.

Paride venne portato al cospetto degli dei e gli fu spiegata la situazione.

- Devi decidere chi fra le tre dee merita il premio - ordinò Zeus.

Era fu la più pronta ad intervenire.

- Se assegnerai la mela a me - propose - ti donerò la ricchezza e la fortuna. Sarai l'uomo più ricco della terra!

- Se consegnerai il premio a me - disse subito dopo Atena - ti darò il dono dell'intelligenza e della sapienza. Sarai il più saggio tra gli uomini!

Per ultima intervenne Afrodite.

- Se darai la mela a me - promise - avrai in sposa la donna più bella sulla terra.

Paride non ebbe alcun dubbio e, senza pensarci su due volte, assegnò il premio ad Afrodite.

Per tener fede al suo impegno, Afrodite fece innamorare di Paride una donna già sposata. Si trattava di Elena, moglie di Menelao, re di Sparta.

Fu proprio questa la causa che fece scoppiare la guerra di Troia.

Il dio del mare cerca moglie

Dopo aver deposto il padre Crono, i tre fratelli, Zeus, Ade e Poseidone dovevano decidere su quale parte dell'Universo ognuno avrebbe esercitato il suo dominio. Decisero allora di estrarre a sorte delle tessere prendendole da un elmo.

A Zeus toccò il cielo, ad Ade l'oltretomba, a Poseidone il mare.

Poseidone si costruì subito uno splendido palazzo subacqueo, ma si sentiva solo. Così decise di cercar moglie.

"Non sarà facile" si disse. "Devo trovarmi qualcuna che possa stare a suo agio negli abissi."

Si guardò un po' in giro e cominciò a corteggiare Teti, la bellissima ninfa delle acque, ma un giorno gli si avvicinò un indovino che gli disse:

- Ho visto nelle stelle che il futuro figlio di Teti è destinato a diventare più famoso del padre.

- Mio figlio più famoso di me? - protestò Poseidone. - Non se ne parla!

E rinunciò a Teti.

La ninfa più tardi sposò Peleo e da quell'unione nacque proprio Achille.

Poseidone cercò ancora e finalmente anche lui riuscì a sposarsi, sempre con una ninfa del mare: Anfitrite.

La ninfa accettò con gioia di vivere sotto il mare, nello splendido palazzo di Poseidone.

Un dio orfano ma vendicativo

Dioniso era figlio di Zeus e di una ninfa.

Venne allevato tra i colli e i vigneti, lontano dalla corte degli dei. Viveva in una grotta insieme a sette ninfe.

Fin da piccolo aveva una spiccata propensione per la musica e le danze: i suoi movimenti erano aggraziati e gioiosi.

Più tardi riuscì a far crescere proprio davanti alla grotta in cui viveva una pianta incredibilmente bella, che cresceva rigogliosa con i suoi verdi virgulti e le sue splendide foglie.

- È bellissima! - disse Dioniso tutto soddisfatto. - La voglio chiamare "vite". Mi sembra il nome più appropriato.

La pianta era rigogliosa. Ad un certo punto comparvero dei grappoli che pian piano crescevano sempre più grandi e si coloravano di un bel colore blu.

- Cosa sono questi acini così grandi e morbidi?

Provò a schiacciarli e a versare in una coppa d'oro il succo dolcissimo che ne usciva.

Assaggiò il contenuto del calice e si sentì più leggero, senza preoccupazioni, e al tempo stesso pieno di vigore e di voglia di cantare e danzare.

La sera stessa fece assaggiare quel dolce succo alle ninfe che provarono lo stesso effetto: subito si misero a danzare allegre e felici.

- Chiamerò questo liquido "vino" e lo farò diffondere su tutta la terra. Così darò agli uomini l'occasione per ridere e scherzare... ed essere più felici.

Un musicista ingegnoso

Ermes, figlio di Zeus e di Maia, ninfa dei boschi, era il dio dei mercanti ma anche dei ladri, e questo la dice lunga sul suo carattere.

Era al mondo appena da poche ore, quando gli venne una delle sue geniali idee: sull'uscio della grotta trovò una tartaruga morta, la vuotò e ne ricoprì il guscio di pelle di bue; poi aggiunse due corna d'ariete e vi tese alcune corde fatte di budella di pecore.

Aveva inventato la cetra.

Più tardi si fece sentire la fame ed Ermes pensò di farsi una bella scorpacciata di carne.

Si guardò attorno e decise di rubare nientemeno che cinquanta buoi dalla mandria di Apollo, suo fratellastro.

Per sviare le ricerche fece camminare all'indietro le bestie, in modo che le orme sembrassero portare verso il recinto della mandria e non allontanarsene. Egli stesso camminò a ritroso.

Portò le bestie nei pressi della grotta materna e le nascose ben bene. Poi cominciò a cuocersi una bella bistecca. Alla fine si sdraiò nuovamente nella culla facendo il bambino innocente.

Intanto Apollo, che si era accorto della sparizione dei buoi, trovò le orme e, non sapendo del trucco di Ermes, si disperò finché non incontrò un vecchio contadino che aveva visto passare il piccolo Ermes con le bestie.

- Sì - confessò il contadino, - ho visto passare la mandria. Stranamente tutte le mucche camminavano all'indietro.

Apollo capì subito il trucco, si precipitò alla grotta di Maia e affrontò Ermes.

- No, no, ti sbagli - rispose il dio, - io non c'entro per niente con quello che mi dici. Sono innocente.

Ma Apollo non gli credette, strappò Ermes dalla culla e lo portò sull'Olimpo, dove al cospetto di Zeus rinnovò furente le sue accuse contro il neonato.

Zeus scoppiò in una sonora risata, poi sentenziò:

- Restituisci immediatamente ad Apollo il maltolto.

Rassegnato, Ermes portò Apollo al nascondiglio dei buoi, ma, durante il cammino, mostrò come per caso la sua cetra ad Apollo, il quale ne rimase talmente incantato che in cambio di essa gli lasciò tutta la sua mandria.

Un dio guerrafondaio

Ares, figlio di Zeus, era un dio poco amato dai Greci che non apprezzavano la sua sete continua di sangue e la sua predilezione per le battaglie.

In ogni litigio, infatti, Ares era sempre presente: portava scompiglio e accresceva le incomprensioni.

Addirittura era solito agire insieme alla sorella Eris (la Discordia) e ai suoi figli Deimos (lo Spavento) e Fobos (il Terrore).

Ovunque i quattro si presentavano, subito scomparivano la pace, l'amore e la tranquillità tra la gente.

Le uniche divinità sue amiche erano Ade, il dio dell'oltretomba, perché era solito ricevere da lui le tante vite di giovani che Ares gli inviava in più occasioni, ed

Afrodite, dea della bellezza, attirata dai suoi muscoli e dal suo bell'aspetto, e affascinata dal suo carattere rude.

Tra Afrodite ed Ares scoppiò l'amore e dalla loro unione nacquero ben tre figli.

Il mito di Persefone

Persefone era figlia di Zeus e di Demetra, la dea delle messi e della natura.

Un giorno la dea stava con altre fanciulle a raccogliere fiori su un prato, ma ad un tratto la terra si aprì e apparve il dio Ade, che, innamorato di lei, la rapì e la trascinò con sé nel mondo degli Inferi.

Persefone gridò di terrore e sparì dalla faccia della terra.

La madre Demetra sentì le sue urla, ma, per quanto cercasse, non riusciva a capire dove e con chi fosse sparita la figlia.

Così errò per il mondo per nove giorni e nove notti, senza mangiare e senza bere, tenendo una fiaccola accesa in entrambe le mani.

Il decimo giorno, adirata, si rivolse a Zeus:

- Se non mi dici dov'è finita mia figlia, non risalirò mai più in cielo e resterò per sempre sulla Terra! D'ora in poi dovrai fare a meno di me!

Senza la protezione della dea della natura, la Terra divenne sterile, i campi si seccarono e le messi marcirono.

Zeus allora intervenne presso Ade.

- Devi restituire Persefone a sua madre! - gli ordinò.

Ma Ade non acconsentì.

- Lasciamela almeno per qualche mese all'anno! - lo pregò. - Il mondo degli Inferi è triste senza di lei!

E così fu.

Persefone da allora poté restare con la madre dall'inizio della primavera alla fine dell'estate. Per il resto dell'anno doveva far ritorno di nuovo da Ade, dio degli Inferi. Ma la terra, per tutto il tempo in cui la dea restava separata dalla madre, ritornava triste e senza vita.

La leggenda del girasole

Clizia era una bella ninfa innamorata di Apollo, che l'aveva corteggiata per un po', ma poi si era stancato di lei.

Clizia era tremendamente gelosa e non voleva che il dio s'interessasse ad altre ragazze.

Decise quindi di spiarlo.

Un giorno lo sorprese mentre incontrava una bella giovane.

Pazza di gelosia, corse subito dal padre della donna.

- Controlla meglio tua figlia, perché si vede di nascosto con Apollo, il dio del sole! gli rivelò.

- Cosa mi dici mai? La proteggerò io: la farò rinchiudere in un luogo segreto.

Apollo restò profondamente offeso per il comportamento di Clizia e non la degnò più di uno sguardo.

La povera ninfa si rifiutava di mangiare e così cominciò a deperire. Beveva solamente la brina dei fiori e le proprie lacrime.

L'infelice Clizia trascorse il resto dei suoi giorni seduta a terra ad osservare il dio che conduceva il carro del Sole in cielo senza rivolgerle neppure uno sguardo, finché, consumata dall'amore, si trasformò in un fiore, che cambia inclinazione durante il giorno secondo lo spostamento dell'astro nel cielo.

Per questo è chiamato girasole.

NEL LEGGENDARIO MONDO DEGLI EROI

GIASONE: partecipò alla spedizione degli Argonauti e conquistò il Vello d'Oro

ORFEO: figlio della musa Calliope. Col suo canto muoveva le piante e rendeva mansuete le belve

ERACLE: figlio di Zeus e Alcmena, compì le dodici terribili fatiche

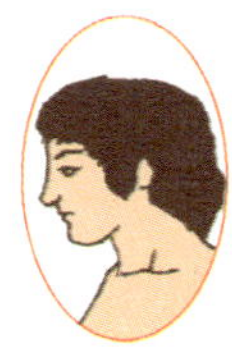

TESEO: re di Atene, sconfisse il Minotauro del labirinto

PERSEO: figlio di Zeus e Danae, riuscì a tagliare la testa alla Medusa

DEDALO: abilissimo scultore e architetto, costruiva statue che sembravano vive

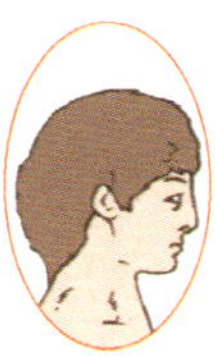

EDIPO: risolse l'indovinello della Sfinge e divenne re di Tebe

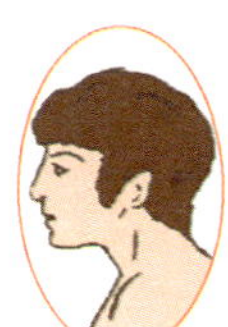

ACHILLE: figlio della ninfa Teti, era invulnerabile eccetto che nel tallone

ULISSE: dopo la guerra di Troia vagò per 10 anni sconfiggendo l'ira degli dei

Giasone

Alla conquista del Vello d'Oro

Giasone era figlio del re di Iolco, Esone, che era stato usurpato del trono dal fratellastro Pelia.

Un giorno l'usurpatore volle sentire un oracolo per conoscere il futuro del suo regno.

- Fai attenzione - fu la risposta, - perché morirai per mano di un discendente di Esone.

Pelia, per evitare che si avverasse quanto l'oracolo gli aveva predetto, decise così di uccidere tutti i discendenti della casa reale. Quindi doveva morire anche Giasone, ma la madre riuscì a nascondere il piccolo affidandolo alle cure del centauro Chirone.

Quando fu grande, Giasone conobbe la verità sulle sue origini proprio dal centauro che lo aveva allevato ed educato:

- Ora devi togliere il trono all'usurpatore e restituirlo a tuo padre.

Intanto Pelia aveva ascoltato un altro oracolo.

- Stai in guardia dall'uomo che calza un solo sandalo - fu la risposta.

Proprio in quei giorni Giasone stava tornando a Iolco per riconquistare il trono che apparteneva ad

Esone. Il fiume era in piena e lui nell'attraversare il corso d'acqua perse un sandalo.

Quando Pelia vide arrivare il giovane, riconobbe subito in lui il nemico preannunciato dall'oracolo.

Invece di restituire subito il trono al legittimo re, Pelia gli lanciò una sfida:

- Io rinuncerò al trono ad una sola condizione.

- Quale? - chiese Giasone incuriosito.

- Conquista il Vello d'Oro, cioè la pelle del montone alato che ha il potere di salvare dalla morte chi lo indossa, e il regno tornerà a tuo padre. Il Vello si trova in una regione lontana, la Colchide, in un bosco consacrato ad Ares. È appeso ad una quercia ed è custodito da un drago mostruoso.

Giasone accettò subito.

Raggruppò attorno a sé alcuni coraggiosi uomini, gli Argonauti, e partì con la nave Argo.

Ma il re della Colchide odiava gli stranieri. Li odiava talmente che uccideva chiunque mettesse piede nel suo paese.

- Affiderò a questo giovane un'impresa impossibile e dopo ucciderò lui e i suoi seguaci - disse alla figlia Medea.

Il re li accolse benevolmente e illustrò l'impresa.

- Chiunque voglia prendere il Vello deve prima

fare qualcosa per me - disse rivolto a Giasone. - Ho un campo che deve essere arato e seminato. Pensaci tu, visto che sei il capo! Hai tempo fino a domani all'ora del tramonto!

Giasone accettò, ma fu terrorizzato quando vide che a tirare l'aratro erano due tori che mandavano fiamme dalle narici e che avrebbe dovuto seminare dei denti di drago.

Non ce l'avrebbe mai fatta da solo, ma in suo aiuto intervenne Medea che si era innamorata di lui.

- Io posso aiutarti - gli disse. - Prendi questo unguento e spalmatelo sul corpo, così sopporterai il calore emanato dai tori e potrai arare il campo.

Protetto dall'unguento, Giasone completò il lavoro e si accinse a seminare i denti di drago.

D'improvviso dai solchi spuntarono centinaia di guerrieri di pietra, ma Giasone li colpì lanciando delle pietre. All'ora del tramonto erano tutti morti.

Il re della Colchide era furibondo e ordinò ai suoi soldati di uccidere Giasone e i compagni.

Ma Medea aveva sentito il padre e corse subito ad avvisare il giovane eroe.

- Devi andartene! - gli disse. - Vi guiderò al bosco sacro e userò le mie arti magiche per addormentare il drago che custodisce l'albero del Vello d'Oro.

Arrivati nel bosco, Medea pronunciò alcune formule magiche e poco dopo il terribile drago chiuse i suoi enormi occhi con un sospiro beato. Giasone scavalcò il gigantesco corpo squamoso e strappò dal ramo il prezioso Vello.

Mentre correva con Medea verso la nave, si sentì uno spaventoso frastuono di passi: erano i soldati del re che li inseguivano.

Giasone e gli Argonauti saltarono sul ponte della nave appena in tempo e si gettarono sui remi. In breve la Colchide fu lontanissima.

Con il Vello d'Oro finalmente conquistato, Giasone poté tornare a Iolco e riprendersi il trono usurpato dal perfido zio Pelia.

Un musicista troppo innamorato

Orfeo aveva partecipato alla spedizione degli Argonauti sotto la guida di Giasone.

Al suo ritorno trascorreva le giornate vagando per i boschi suonando la lira in modo delizioso e cantando il suo immenso amore per la dolce ninfa Euridice. Riusciva a farsi ascoltare anche dagli animali che restavano incantati da quei suoni meravigliosi.

I due giovani vivevano felici, ma un mattino, mentre la ninfa correva spensierata per la campagna, una vipera nascosta nell'erba la morse.

Nel giro di pochi istanti la povera Euridice morì, uccisa dal veleno del serpente.

Triste e solo, Orfeo cercò di placare il suo immenso dolore vagando per i boschi e per le montagne con la sola compagnia della sua lira, ma niente sembrava consolarlo.

Un giorno decise di andare a cercare la sposa nel regno dei morti. Oltrepassò la porta che conduceva negli Inferi, imbracciando il suo strumento, e si mise a suonare.

Ogni cosa parve immobilizzarsi davanti al giovane che passava suonando. Persino Ade e Proserpina, i sovrani degli Inferi, ascoltavano incantati.

- O sommi dei del mondo sotterraneo - pregò il giovane innamorato, - inteneritevi di fronte a noi, due innamorati che il crudele destino ha voluto dividere. Restituite la mia Euridice alla luce del giorno! Io non posso vivere senza di lei. E se non sarà possibile farla tornare sulla terra, anch'io resterò qui per sempre.

- Ti restituiremo Euridice - gli dissero Ade e Proserpina, - però devi prometterci di non voltarti a guardarla prima che le porte dell'Inferno siano chiuse dietro di voi.

Orfeo, felice della concessione divina, accettò il patto e, seguito dalla sua bella ninfa, si avviò verso l'uscita del regno sotterraneo.

Ma il desiderio di Orfeo di rivedere il volto della sua Euridice era troppo grande e, mentre ancora stavano attraversando le vie degli Inferi, si voltò un solo attimo. Al suo sguardo, Euridice si dissolse in una nebbia densa.

Invano egli la cercò a lungo: la sua sposa era perduta per sempre.

Un bambino prodigio

Quando nacque Eracle, suo padre Zeus disse orgoglioso:

- Questo mio figlio sarà fortissimo, invincibile, e nessuno riuscirà mai a stargli alla pari.

Come successe a tutti i figli illegittimi di Zeus, però, Eracle attirò l'odio di Era.

Alcmena, la madre del bimbo, sapendo quanto poteva essere terribile l'ira della dea, non ebbe il coraggio di allevarlo e lo abbandonò in mezzo a un campo.

Gli strilli del neonato attirarono l'attenzione proprio di Era che, non sapendo chi fosse veramente il piccolo e trovandolo così grazioso, decise di prenderlo con sé e di allattarlo.

Però Eracle, mentre poppava il latte, le diede subito un tremendo morso che la fece urlare di dolore. Alcune gocce di latte schizzarono in giro e così nacque la Via Lattea.

Era venne a sapere ben presto la vera identità di quel bimbo che aveva raccolto e che ora viveva allevato come un dio. Decise allora di ucciderlo.

Non aveva ancora dieci anni, infatti, quando una notte due orrendi serpenti strisciarono sullo scudo di bronzo in cui dormiva il ragazzo: schizzavano fiamme dagli occhi e veleno dalla bocca spalancata.

Le nutrici si misero a gridare spaventate.

Ma Eracle era già in grado di dimostrare la sua forza straordinaria: senza la minima paura, afferrò i serpenti con le mani e li strinse a tal punto che in poco tempo i due animali morirono soffocati.

L'eroe continuò a crescere e ogni giorno acquistava sempre più coraggio e una forza incredibile. Sapeva usare qualunque tipo di arma. Con l'arco era infallibile e riusciva a lanciare il giavellotto con estrema precisione. Il più delle volte, però, combatteva con la clava che egli stesso si era costruito utilizzando il legno di un olivo selvatico da lui sradicato.

Quando fu adulto, il destino volle che diventasse lo schiavo del crudele re Euristeo il quale, sotto minaccia di morte, gli ordinò di cimentarsi in dodici terribili prove che mai nessuno fino ad allora era stato in grado di superare.

Eracle, con sforzi eccezionali, usando tutta la sua poderosa forza e mettendo in atto un'astuzia invidiabile, riuscì a superarle tutte.

LE 12 FATICHE DI ERACLE

Uccise il leone di Nemea, un mostro terribile e gigantesco

Uccise l'Idra di Lerna, mostro con nove teste

Catturò il terribile cinghiale d'Erimanto

Catturò la cerva dai piedi di rame

Uccise gli uccelli con il becco e gli artigli di ferro

Catturò il toro nero di Minosse

Pulì le stalle di Augia che possedeva tremila buoi

Catturò le cavalle di Diomede che si cibavano di carne umana

Catturò i buoi di Gerione, un gigante con tre teste e sei braccia

Rubò la cintura di Ippolita, la regina delle Amazzoni

Raccolse le mele d'oro del giardino delle Esperidi

Catturò Cerbero, il cane a tre teste dell'Ade

Un artigiano sfortunato

Dedalo era un bravissimo artigiano di Atene. Si diceva addirittura che fosse figlio di Efesto, il fabbro degli dei.

Un giorno lasciò Atene e andò a Creta, dove venne chiamato dal re Minosse che era alle prese con un grave problema.

In quell'isola, infatti, viveva il Minotauro, mezzo uomo e mezzo toro, che terrorizzava tutti gli abitanti.

Conoscendo l'abilità di Dedalo, Minosse si rivolse a lui:

- Voglio rinchiudere quel mostro in un posto dal quale non possa più uscire! Mi hanno detto che solo tu sei in grado di aiutarmi.

- Lasciami qualche giorno - gli disse il bravo artigiano - e vedrò di trovare una soluzione che ti soddisfi.

Dedalo allora, aiutato dal figlio Icaro che lo aveva seguito a Creta, progettò e costruì il famoso labirinto, un palazzo immenso con innumerevoli sale e lunghissimi corridoi che si intrecciavano fra loro tanto da rendere pressoché impossibile il ritrovamento dell'uscita.

Terminata la costruzione, i due artigiani si accorsero di essere rimasti a loro volta prigionieri. Infatti non erano più capaci di trovare l'uscita fra quegli innumerevoli e tortuosi corridoi.

- Cosa faremo ora? - chiese Icaro preoccupato. - Non voglio morire qui dentro!

- Figlio mio, il re Minosse non vuole che riveliamo a nessuno il segreto del labirinto - rifletté Dedalo. - Sarà molto felice di sapere che siamo destinati a finire i nostri giorni qui dentro.

Icaro era sempre più disperato.

- Io voglio uscire. Possibile che tu non riesca a trovare una soluzione?

- Una soluzione ci sarebbe, ma è molto rischiosa - propose Dedalo.

- E quale sarebbe?

- Il cielo, figlio mio. L'unica via di fuga è il cielo!

Senza perdere ulteriore tempo in inutili discussioni, il geniale artigiano costruì delle grandi ali di penne, tenute insieme con la cera.

Si infilò le ali e con queste iniziò il volo, insieme al figlio.

- Tutto funziona a meraviglia! - esultò Icaro al colmo della felicità.

- Sì, però... Mi raccomando, stai lontano dal sole - fu il consiglio che il previdente genitore diede a suo figlio. - Vola vicino a me e arriveremo sani e salvi.

Icaro, però, curioso com'era, non volle seguire i consigli del padre e volò verso l'alto avvicinandosi troppo al sole.

La cera in questo modo si sciolse e le ali si staccarono.

Icaro precipitò in basso e cadde in mare, vicino a Samo, morendo all'istante.

Teseo

Il Minotauro e il labirinto

Minosse, re di Creta, aveva a che fare con un terribile mostro, metà uomo e metà toro: il Minotauro. Il re chiamò un abile architetto, Dedalo, e gli ordinò di costruire un palazzo sotterraneo particolare: doveva essere un inestricabile susseguirsi di camere, corridoi, stanze, finti ingressi e finte porte; un labirinto nel quale perdersi e da cui fosse impossibile uscire.

Lì il re rinchiuse il Minotauro.

Per nutrire il mostro, che si cibava di carne umana, il re di Creta si faceva inviare ogni anno dalla città di Atene sette fanciulli e sette fanciulle.

Un giorno Teseo, figlio di Egeo, re di Atene, decise di porre fine al terribile tributo: con l'intento di raggiungere il Minotauro e di ucciderlo si mescolò ai giovani inviati a Minosse.

Poi si accordò con il padre.

- Fammi sapere se riuscirai a compiere l'impresa - disse Egeo ansioso e preoccupato per le sorti del figlio.

- Va bene - rispose Teseo. - Se l'impresa riuscirà, al ritorno, la nave su cui viaggeremo innalzerà le vele bianche. Se avremo fallito tu vedrai le vele nere, che noi lasceremo in segno di lutto.

Giunto a Creta, Teseo ottenne l'aiuto della bella Arianna, figlia di Minosse, che si era innamorata dell'eroe ateniese.

- C'è un solo modo per riuscire nell'impresa - spiegò la giovane principessa. - Segui i miei consigli. Quando entrerai nel Labirinto, porta con te un gomitolo di lana e lascialo sfilare, dopo averne legato un capo all'ingresso del palazzo. Ti servirà per ritrovare la strada all'uscita.

Teseo, una volta entrato, riuscì a raggiungere il Minotauro, lo affrontò e lo uccise. Poi, seguendo il filo, ritrovò facilmente la via d'uscita.

Felici per la buona riuscita dell'impresa, Teseo e Arianna iniziarono a veleggiare insieme verso Atene.

Ma, presi dal loro amore, dimenticarono di sostituire le vele nere con quelle bianche.

Il re Egeo, che attendeva il ritorno del figlio dall'alto delle mura, scorgendo quel segno di sventura, gridò disperato:

- Cosa vedo! La missione è fallita e il mio amato figlio è morto, ucciso dal Minotauro. Non mi resta altro che seguirlo nel mondo degli Inferi.

E subito si gettò in quel mare che proprio da lui prese il nome di mare Egeo.

L'enigma della Sfinge

Lungo la strada per Tebe viveva, nei tempi lontani, la Sfinge.

Era un terribile mostro dal volto di donna, dalle ali di aquila e dal corpo simile a quello di un leone. Si appostava notte e giorno in attesa dei viandanti e, appena li avvistava, li fermava e proponeva loro un enigma. Quelli che non sapevano rispondere venivano immediatamente divorati dal mostro.

Nessuno voleva più avventurarsi sulla strada per Tebe e i suoi dintorni erano desolatamente vuoti e deserti.

Il re di Tebe Creonte, per metter fine a questa sventura, aveva emanato un proclama che diceva:

- Il re concederà la mano di sua sorella Giocasta e offrirà la corona di Tebe a colui che libererà il paese dall'incubo della Sfinge.

Proprio in quel tempo Edipo si trovava presso la città di Tebe e, sentendo il bando, decise di tentare l'impresa.

"Voglio uccidere il mostro!" disse fra sé. E si avviò lungo la strada.

All'improvviso si trovò davanti un essere orribile, molto più spaventoso di quanto aveva immaginato.

- Sei davvero coraggioso, straniero! - gli disse il mostro. - Fermati!

- Io voglio passare per proseguire il mio cammino fino a Tebe. Togliti dalla strada!

- Qui non è mai passato nessuno, straniero. Lo potrai fare soltanto se riuscirai a risolvere un indovinello.

- Accetto la sfida. Dimmi l'indovinello.

- Dimmi: qual è l'animale che il mattino cammina su quattro zampe, a mezzogiorno su due e la sera su tre?

Edipo si fermò un momento a riflettere, poi, con un sorriso di trionfo, rispose:

- La risposta è facile. Quell'animale non può che essere l'uomo. Infatti da bambino si trascina sulle mani e sui piedi, diventato grande cammina sui due piedi, infine da vecchio si appoggia sul bastone.

Edipo aveva proprio indovinato!

La Sfinge, vedendo per la prima volta risolto il suo enigma, si buttò rabbiosa dall'alto del monte sul quale stava appollaiata e si uccise.

Il popolo, festante, percorse le vie di Tebe correndo e facendo festa.

- Uno straniero ci ha liberati dal terribile flagello! - gridavano tutti. - Gloria a lui. A lui il trono e la mano della regina Giocasta!

Edipo entrò nella città come trionfatore e diventò re.

La leggenda di Medusa

Narra la leggenda che Medusa una volta fosse una donna bellissima.

Molti l'avrebbero sposata volentieri, ma lei si innamorò di Poseidone, il dio del mare, che però aveva già una moglie. Per questo motivo una notte si incontrarono di nascosto nel tempio di Atena.

La dea li vide e, profondamente irritata dall'affronto subito, trasformò la fanciulla in un orribile mostro.

- Le tue mani diventeranno pezzi di bronzo, i tuoi denti saranno zanne di cinghiale e i tuoi capelli si animeranno come serpenti.

Non contenta di ciò, disse ancora:

- E i tuoi occhi trasformeranno in pietra tutto ciò che guarderanno.

Il mostro era orribile e bisognava eliminarlo. L'incarico di ucciderlo venne affidato al giovane Perseo.

L'impresa non era certo facile, ma accorsero in aiuto del giovane eroe alcuni dei.

Atena gli disse:

- Prendi questo scudo lucente. Potrai guardare riflessa la Medusa evitando di essere pietrificato dal suo sguardo.

Ermes gli si avvicinò e anche lui fece la sua offerta.

- Prendi l'antica spada dei Titani. Solo con questa riuscirai a decapitarla, perché le sue squame sono più dure del ferro.

Le Ninfe, infine, gli fecero altri doni preziosi.

- Prendi questi calzari alati e anche l'elmo di Ade, che rende invisibile chi lo porta. Tieni pure questa sacca magica nella quale potrai riporre la testa di Medusa.

Così equipaggiato, Perseo raggiunse il mostro camminando all'indietro e guardandolo riflesso nello scudo lucente.

Non appena fu vicino a Medusa, vibrò il colpo mortale che le tagliò di netto la testa mentre i serpenti tentavano in tutti i modi di avvolgerlo nelle loro spire.

Perseo prese la testa e la ripose immediatamente nella bisaccia.

Dal sangue che usciva abbondante dalla ferita nacque Pegaso, il magico cavallo alato che divenne il fedele compagno di Perseo.

L'eroe fuggì verso casa sorvolando una terra arida e desolata, senza accorgersi che alcune gocce di sangue cadevano dalla bisaccia che conteneva la testa di Medusa e finivano nel terreno, dando origine a tanti serpenti velenosi che in seguito avrebbero popolato per sempre il deserto.

Quindi sorvolò il mare e questa volta le gocce di sangue, a contatto con l'acqua marina, si trasformarono in coralli.

Una volta a casa, Perseo fu messo a capo della sua città.

Un eroe invulnerabile... o quasi

La ninfa Teti sapeva che suo figlio Achille era destinato a una morte prematura, perciò fece di tutto per proteggerlo.

Era ancora piccolo, quando la madre, per renderlo invulnerabile, lo immerse nelle acque magiche del fiume Stige. Per non farlo annegare lo tenne per il tallone, che restò così l'unica parte del corpo non bagnata da quelle acque divine.

Da grande, quando i capi greci si preparavano a partire per la guerra di Troia, Teti cercò di evitare che anche Achille partisse con loro.

"Non voglio che mio figlio corra dei rischi" disse fra sé. "La guerra è terribile e le possibilità di morire sono elevatissime."

Così, per non farlo trovare, lo vestì con abiti femminili, nascondendolo tra le figlie di Licomede, re di Sciro.

I principi greci convocarono un indovino per conoscere le sorti della guerra e l'uomo fu molto chiaro:

- Senza la presenza di Achille, la città di Troia non cadrà mai!

Allora tutti si misero alla sua ricerca, ma nessuno sapeva dove l'eroe fosse finito.

Solo Ulisse riuscì con astuzia a scoprire il suo nascondiglio.

Si vestì da mercante e raggiunse la corte di Sciro con un baule carico di stoffe preziose e variopinte arricchite da numerosi gioielli. Sotto le stoffe aveva abilmente nascosto alcune armi.

Venne portato subito davanti al re e ai suoi familiari. Le figlie del re si precipitarono immediatamente, con grida d'entusiasmo, sulle stoffe preziose e sui gioielli. Solo una era restata in disparte e sembrava non apprezzare quella mercanzia femminile.

- Guarda che meravigliose stoffe! - la invitava Ulisse. - Indossane una.

Ma la fanciulla disdegnava ogni cosa e sembrava assente.

Allora Ulisse, furbescamente, mosse le armi nascoste facendole tintinnare.

Subito quella fanciulla si avvicinò e prese in mano l'elmo e lo scudo. Sembrava finalmente entusiasta di ciò che aveva trovato.

- Eccoti, finalmente, Achille! - disse Ulisse. - Sono il re di Itaca e sono venuto a dirti che i principi greci si stanno preparando per la guerra. Che vuoi fare tu? Resterai qui con queste ragazze a giocare con le stoffe e i gioielli o verrai con noi?

Achille si strappò di dosso le vesti femminili e, senza ascoltare le suppliche della madre che era accorsa in suo aiuto, seguì Ulisse e il suo destino.

Il ciclope Polifemo

Durante il lungo viaggio di ritorno dalla guerra di Troia, Ulisse e i suoi compagni approdarono sulle rive di un'isola rocciosa. I poveri marinai non sapevano però che in quella terra vivevano i Ciclopi, giganti mostruosi con un solo occhio in mezzo alla fronte.

Il loro capo era Polifemo, figlio di Nettuno, che viveva con il suo gregge in una caverna oscura, scavata nel fianco di una montagna.

Proprio nella grotta che gli serviva da ovile si rifugiarono Ulisse e i suoi compagni, stanchi del viaggio.

Al rientro dal pascolo, lo spaventoso Polifemo li scoprì e urlò loro:

- Sono ghiotto della vostra carne prelibata! Vi divorerò con tutta calma, uno alla volta.

Anche questa volta Ulisse mise in moto la sua astuzia.

- Noi vogliamo essere tuoi amici, Polifemo. Per questo ti offriamo questo vino che sembra l'ambrosia degli dei.

Il gigante cominciò a bere con gusto.

- Buono! Ne hai ancora? Ma dimmi, come ti chiami?

- Il mio nome è Nessuno.

- Bravo, Nessuno, dammi ancora del vino, se sei mio amico.

- Certo, bevi! - disse Ulisse al colmo della gioia.

E diede al gigante tutto l'otre che aveva portato dalla nave.

Polifemo fu presto completamente ubriaco e subito cadde in un sonno profondo.

Ulisse, allora, aiutato dai suoi compagni, infuocò la punta di un enorme palo che piantò nell'unico occhio del Ciclope.

Sconvolto dall'ira e dal dolore, Polifemo cercò a tentoni Ulisse ed i compagni per vendicarsi.

E intanto gridava:

- Aiuto, mi hanno accecato!

Accorsero immediatamente gli altri Ciclopi e gli chiesero a gran voce:

- Ma chi è stato ad accecarti?

Polifemo rispose prontamente:

- Nessuno! È stato Nessuno!

I Ciclopi si allontanarono scuotendo il capo: lo ritenevano completamente ubriaco.

Nel frattempo, Ulisse e i suoi compagni si erano legati sotto grosse pecore.

Quando Polifemo, come faceva ogni mattina, spostò il macigno che chiudeva la caverna per far uscire le pecore al pascolo, non si accorse che, appesi alla pancia degli animali, stavano i poveri marinai.

Ulisse e i compagni riuscirono così a fuggire e salirono in tutta fretta sulle navi che li attendevano sul lido.

Prima di allontanarsi, però, Ulisse osò sfidare il gigante, gridandogli:

- Tanto perché tu sappia chi ti ha accecato, ricorda che il mio nome non è Nessuno, ma Ulisse.

Polifemo cercò in ogni modo di affondare le navi, lanciando grossi massi, ma invano... Ulisse e i suoi erano ormai lontani dalla riva.

NEL MONDO DEI POPOLI ANTICHI

Qualche quiz... mitico

CIVILTÀ DELLA VALLE DELL'INDO E CIVILTÀ CINESE

1) Perché Brahma volle punire gli uomini e li privò del potere divino?

A Perché era geloso di loro.
B Perché essi abusavano della loro divinità.
C Perché essi lavoravano troppo.

2) In cosa si trasformò Visnù per liberare il mondo dagli esseri malvagi?

A In un gigante.
B In un animale.
C In un nano.

3) Come si chiamava l'arciere degli dei?

A Yi.
B Chang.
C Tung.

4) Come erano i Monti Kunlun?

- **A** Altissimi e pieni di precipizi.
- **B** Alti ma facili da scalare.
- **C** Bassi ma pericolosi.

5) Cosa vide Chang E sulla luna?

- **A** Un lungo fiume e un pesce.
- **B** Un prato verde e un cavallo.
- **C** Un albero con fiori colorati e un coniglio.

Soluzioni

1) B

2) C

3) A

4) A

5) C

Se hai dato 5 risposte esatte: **sei preparatissimo sui miti della civiltà dell'Indo e su quelli cinesi.**

Se hai dato 3 o 4 risposte esatte: **sei un buon lettore dei miti della civiltà dell'Indo e di quelli cinesi ma puoi migliorare le tue conoscenze.**

Se hai dato meno di 3 risposte esatte: **inizia a rileggere tutti i miti della civiltà dell'Indo e della civiltà cinese contenuti nel libro.**

Qualche quiz... mitico

CIVILTÀ DEI FENICI E DELLA MESOPOTAMIA

1) Come fece Tanit ad attirare l'attenzione di Apollo?

A Sostituì l'ambrosia con il mosto delle vigne.
B Sostituì l'ambrosia con l'acqua.
C Sostituì l'ambrosia con una bevanda gassata.

2) Chi era Etana?

A Un povero pastore sumerico.
B Un dio sumerico.
C Il re della città di Kis.

3) Perché An decise di punire gli uomini?

A Perché essi lavoravano sempre la terra.
B Perché essi si rifiutavano di lavorare la terra.
C Perché essi rubavano i prodotti della terra.

4) Cosa successe dopo che Adapa spezzò l'ala dell'uccello della tempesta?

- **A** Per sette giorni fu sempre tempesta.
- **B** Per sette giorni non soffiò un alito di vento.
- **C** Per sette giorni il mare fu sempre agitato.

5) Perché Adapa non mangiò cibo e non bevve acqua?

- **A** Perché così gli era stato consigliato da Ea.
- **B** Perché si cibava solo di vino.
- **C** Perché non aveva fame.

Soluzioni

1) A
2) C
3) B
4) B
5) A

Se hai dato 5 risposte esatte: **sei preparatissimo sui miti fenici e della Mesopotamia.**

Se hai dato 3 o 4 risposte esatte: **sei un buon lettore dei miti fenici e di quelli della Mesopotamia ma puoi migliorare le tue conoscenze.**

Se hai dato meno di 3 risposte esatte: **inizia a rileggere tutti i miti fenici e quelli della Mesopotamia contenuti nel libro.**

Qualche quiz... mitico

CIVILTÀ EGIZIA

1) A quale gioco Nut sfidò Thot?

- **A** A scacchi.
- **B** A carte.
- **C** A dadi.

2) Con quale parte del suo corpo Atum-Ra creò gli uomini?

- **A** Con la forza della sua mano.
- **B** Con le lacrime del suo occhio.
- **C** Con la potenza della sua voce.

3) Come fu Osiride come re d'Egitto?

- **A** Un re saggio e giusto.
- **B** Un re cattivo e dispotico.
- **C** Un re incurante del suo popolo.

4) Chi era Horoi?

A Il figlio di Iside.
B Il figlio di Atum-Ra.
C Il figlio del faraone.

5) Da quale animale fu punto Horo?

A Da un serpente.
B Da uno scorpione.
C Da un insetto velenoso.

Soluzioni

1) C
2) B
3) A
4) A
5) B

Se hai dato 5 risposte esatte: **sei preparatissimo sui miti della civiltà egizia.**

Se hai dato 3 o 4 risposte esatte: **sei un buon lettore di miti della civiltà egizia ma puoi migliorare le tue conoscenze.**

Se hai dato meno di 3 risposte esatte: **inizia a rileggere tutti i miti della civiltà egizia contenuti nel libro.**

Qualche quiz... mitico

CIVILTÀ GRECA

1) In cosa si trasformò Zeus per conquistare Era?

A In un cuculo.
B In un serpente.
C In una mucca.

2) Come era Efesto alla nascita?

A Bellissimo, come Brad Pitt.
B Brutto e deforme.
C Normale.

3) Chi era Aracne?

A Una bravissima artigiana.
B Una bravissima tessitrice.
C Una bravissima cuoca.

4) Come fece Ermes ad inventare la cetra?

A Prese i rami di un albero e li attaccò insieme.
B Ruppe una grossa pietra, la scavò e vi attaccò fili d'erba.
C Usò il guscio di una tartaruga morta e budella di pecore.

5) Chi era la madre di Persefone?

A Atena.
B Demetra.
C Era.

6) Cosa perse Giasone nel fiume in piena?

A Un elmo.
B Una spada.
C Un sandalo.

7) Cosa riuscì a fare Eracle quando aveva appena dieci anni?

- [x] A Strangolò due serpenti.
- B Uccise un toro a testate.
- C Sconfisse un mostro marino.

8) Quale fu l'impresa compiuta da Teseo?

- A Progettò e costruì il Labirinto.
- B Sconfisse il Minotauro.
- C Risolse l'enigma della Sfinge.

9) Chi era la madre di Achille?

- A La ninfa Teti.
- B La dea Atena.
- C Elena di Troia.

10) Come fece Ulisse a sconfiggere Polifemo?

A Lo colpì con un pesante macigno.
B Lo batté a lotta.
C Lo accecò con un enorme palo.

Soluzioni

1) A
2) B
3) B
4) C
5) B
6) C
7) A
8) B
9) A
10) C

Se hai dato 10 risposte esatte: sei preparatissimo sui miti della civiltà greca.

Se hai dato da 6 a 9 risposte esatte: sei un buon lettore di miti della civiltà greca ma puoi migliorare le tue conoscenze.

Se hai dato meno di 6 risposte esatte: inizia a rileggere tutti i miti della civiltà greca contenuti nel libro.

Indice

LA REGIONE DELL'INDO pag 5

LA CIVILTÀ CINESE pag 13

LA CIVILTÀ DEI FENICI pag 23

LA MESOPOTAMIA pag 27
Mito sumerico pag 29
Mito babilonese pag 33
Mito assiro pag 37

L'ANTICO EGITTO pag 43

LA CIVILTÀ GRECA pag 65
Nel fantastico mondo degli dei pag 67
Nel leggendario mondo degli eroi pag 97

NEL MONDO DEI POPOLI ANTICHI
Qualche quiz... mitico pag 137

NELLA STESSA COLLANA

Al tempo dei Dinosauri Testa dura ma... geniale

Al tempo del Neolitico Alla ricerca del pugnale sacro

Al tempo dei Fenici Il profumo della porpora

Al tempo degli Egizi Gli scribi reali

Al tempo dei Greci L'alloro e la spada

Al tempo degli Etruschi Il segreto dei vasi neri

Al tempo di Roma monarchica La lupa e l'aquila

Al tempo di Roma repubblicana Le ali della fortuna

Al tempo di Roma imperiale Tre cuccioli imperiali

Al tempo dei Barbari La spada delle steppe

Al tempo dei popoli antichi La preistoria
MITI - SCOPERTE - INVENZIONI

Al tempo dei popoli antichi Le civiltà dei fiumi e del mare
MITI E LEGGENDE

Al tempo dei popoli antichi L'antica Roma
LE PIÙ BELLE LEGGENDE

PER IL PORTFOLIO

(la pagina si può utilizzare fotocopiata e ingrandita)

Titolo --

Nome dell'autore --

Pagine --

Hai letto il libro...

☐ completamente ☐ solo in parte

Hai compreso la vicenda...

☐ tutta e bene ☐ a grandi linee

La vicenda ti è piaciuta...

☐ molto ☐ così così ☐ poco

Hai letto...

☐ in maniera spedita ☐ con difficoltà

Lo stile ti è sembrato...

☐ facile ☐ difficile

Complessivamente il libro ti è piaciuto...

☐ molto ☐ abbastanza ☐ poco

Pensi che la lettura del testo abbia arricchito...

☐ le tue conoscenze

☐ il tuo vocabolario

☐ il tuo modo di esprimerti

Le Civiltà dei fiumi e del mare
Raffaello Editrice
Miti e leggende
Un tuffo nella storia